Historia Maya

Una guía fascinante de la civilización, cultura y mitología mayas, y del impacto de los pueblos mayas en la historia de Mesoamérica

Tabla de contenido

Introducción

En la última década o dos, ha habido un aumento del interés por los mayas, su historia, civilización y cultura. Ha habido más documentales y películas de ficción, libros e historias sobre ellos. Esto fue en parte alimentado por la mítica predicción maya del fin del mundo en 2012, que por un corto período de tiempo puso a esta civilización bajo la atención de los medios de comunicación. Pero hay mucho más en su cultura que la idea errónea común sobre su calendario. Y durante mucho tiempo antes de que los mayas llamaran la atención de la población en general, los arqueólogos e historiadores hicieron todo lo posible por descubrir y reconstruir la historia completa de la civilización maya.

Esos científicos se preguntaban cómo construyeron los mayas esas magníficas ciudades y templos; ¿cómo crearon tan impresionantes piezas de arte y joyas? Trataron de entender lo que los mayas dibujaban, tallaban y escribían en sus paredes y libros. Cada aspecto de la vida maya era interesante para ellos. A medida que su investigación progresaba y se acumulaba el entendimiento y conocimiento de la civilización maya, una cosa quedó clara para los historiadores. Los mayas fueron una de las civilizaciones más importantes e influyentes de toda la región mesoamericana. Una ilustración simple de este punto es que, si usted cerrara los ojos y tratara de imaginar una imagen general de la vida mesoamericana antes del llamado descubrimiento de América por Colón, lo más probable es que vería la representación por excelencia de la civilización maya. Podría imaginar a la gente caminando vestida con pieles de jaguar, o con tocados de colores brillantes hechos de plumas, o enormes templos piramidales escalonados adornados con extrañas tallas jeroglíficas, tal vez gente con rostros pintados y narices y orejas perforadas, sacrificios humanos frente a las masas, o guerreros con palos de madera que se escabullen por la selva. No podemos ni siquiera imaginar la historia y la cultura mesoamericana sin los mayas. Por eso es muy importante saber todo lo que podamos sobre ellos.

En este libro intentaremos arrojar un poco de luz sobre la civilización maya, desde sus orígenes e historia, pasando por la vida cotidiana del pueblo maya, con el tema ineludible de su religión y mitología, para terminar con el tema, habitualmente olvidado, de lo que les sucedió a los mayas después de la llegada de los españoles y dónde se encuentran ahora. Y al mismo tiempo, al conocer más sobre esta importante civilización, otra parte importante de este libro es desacreditar algunos de los mitos y conceptos erróneos que, como en todas las grandes civilizaciones, se convirtieron en sinónimos de los mayas. Así que prepárese para aprender y disfrutar de esta visita guiada por la civilización maya.

Capítulo 1 - Conozca a los mayas

Toda historia sobre las civilizaciones del continente americano comienza alrededor de 40.000 a 20.000 años a. C., cuando durante la última gran Edad de Hielo, un puente terrestre conectaba Alaska y Siberia. Durante ese largo período, pequeños grupos comenzaron a moverse gradualmente hacia lo que más tarde sería llamado el Nuevo Mundo por los exploradores europeos. Aunque ha habido algunas otras teorías sobre cómo y cuándo los humanos emigraron por primera vez a las Américas, esta teoría es actualmente predominante gracias a las abundantes pruebas que la sustentan. En primer lugar, los arqueólogos encontraron similitudes entre las herramientas que usaban los habitantes de Siberia durante ese período y las herramientas de los primeros colonos al otro lado del océano Pacífico. Luego, los lingüistas encontraron similitudes y relaciones fundamentales entre las lenguas siberianas y las lenguas habladas por los nativos americanos. La última y probablemente más concluyente pieza de evidencia vino de los genetistas, que compararon el ADN de ambos grupos de personas y encontraron una ascendencia común. Confirmaron que la mayoría de los pueblos indígenas de las Américas provenían de lo que hoy es el sureste de Siberia.

Por supuesto, esa migración no ocurrió en una ola enorme, sino que, lentamente, con el tiempo, pequeñas bandas y tribus cruzaron desde Asia. Y desde Alaska y el norte de América, comenzaron a migrar hacia el sur. Lo hicieron mientras buscaban mejores lugares para vivir, con climas más cálidos, con plantas más diversas y mejores terrenos de caza. Durante cientos y miles de años, estas bandas de cazadores y recolectores vagaron por todo el continente y comenzaron a adaptarse, inventando nuevas herramientas de piedra más singulares. Los arqueólogos encontraron esas herramientas en la península de Yucatán, que es la tierra natal de los mayas, y la han datado alrededor del año 10.000-8.000 a. C. Es probable que sea entonces cuando los primeros pueblos, probablemente antepasados mayas, llegaron a la región. Pero antes de pasar a cómo esos primeros cazadores-recolectores se elevaron para convertirse en los legendarios mayas, tenemos que entender dónde vivieron y cómo afectó al desarrollo de su primera civilización.

La llamada patria maya cubría la parte sureste del actual México, incluyendo la ya mencionada península de Yucatán, y la parte noroeste de América Central, en los territorios de los actuales Belice y Guatemala, y partes de El Salvador y Honduras. De esto se desprende que los mayas cubrían un área relativamente grande, alrededor de 320.000 km2, que se puede dividir en tres zonas geográficas y climáticas. Al norte, cubriendo casi toda la península de Yucatán se encuentran las Tierras Bajas, luego en el centro de la región Maya están las Tierras Altas, y en el sur está la Llanura Costera del Pacífico. La región de la costa del Pacífico era una zona de selva densa, con las mayores cantidades de precipitaciones anuales de toda la patria maya. Algunos de los primeros asentamientos mayas fueron fundados en esta región, a lo largo de las lagunas de la costa. Con abundante vida silvestre y plantas en el bosque, criaturas del mar y de agua dulce, era un lugar perfecto para los primeros colonos, mientras que los ricos suelos a lo largo de las orillas del río lo hacían un buen lugar para las sociedades agrícolas que llegaron más tarde. También fue una importante ruta comercial en períodos posteriores cuando surgieron comunidades más complejas, conectando México y América Central.

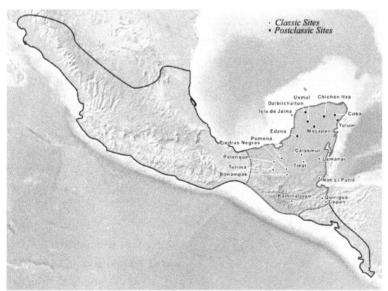

La patria maya. Fuente: https://commons.wikimedia.org

Al noreste de la región de la costa del Pacífico se encuentra la región de las Tierras Altas, llamada así por sus altas montañas de una elevación promedio de más de 760m (2500 pies), con los picos más altos que llegan hasta unos 3000m (9850 pies). Con una mayor altitud, las temperaturas son más bajas y las precipitaciones más escasas. Sin embargo, la actividad volcánica de las montañas proporcionó importantes recursos de piedra para los mayas, como la obsidiana (también conocida como cristal volcánico) y el basalto volcánico. Los volcanes también hicieron que el suelo circundante fuera bastante fértil, y el clima de ciertos valles era perfecto para la agricultura. Además de las piedras volcánicas, las Tierras Altas también eran ricas en otros minerales preciosos como el jade y la serpentina. Todo eso combinado hizo que esta área fuera favorable para el asentamiento a pesar del peligro de las erupciones volcánicas y los terremotos. Muy diferente de esa área son las Tierras Bajas, que son en su mayoría planas, y que en el pasado estaban cubiertas de un espeso bosque. Esta región es rica en piedra caliza y pizarra, materiales de construcción importantes para los mayas, así como con áreas de suelo fértil y abundante vida silvestre. El sur de las Tierras Bajas está lleno de lagos y ríos, que proporcionaron peces a los habitantes, y al mismo tiempo facilitaron la comunicación a través del denso bosque. En las zonas del norte, más ricas en piedra caliza, el agua es más escasa, y las únicas fuentes de ella eran los sumideros, también conocidos como cenotes en esa región. Y la costa del Océano Atlántico en la Península de Yucatán proporcionó a esta región tanto peces de agua salada como mariscos. Si se consideran todas las cosas, aunque a primera vista no lo parezca, toda la patria maya era bastante rica en alimentos, agua y materiales de construcción, lo que explica por qué exactamente los antepasados mayas eligieron establecerse allí.

Pero, probablemente algo más importante que eso, era la abundancia de suelo fértil. Alrededor del año 6.000 a. C., la agricultura se extendió por toda Mesoamérica, lo cual marcó un paso vital en el desarrollo de la cultura maya. Sus antepasados ya vivían una vida algo sedentaria, con abundancia de alimentos en los bosques que les rodeaban. Pero con el auge de la agricultura alrededor del año 2000 a. C., tenían más excedentes de alimentos, lo que significaba que la población crecía más rápidamente y era más próspera. Y en busca de suelos más fértiles, los antepasados mayas comenzaron a extenderse desde la parte costera de la tierra natal maya hacia adentro, lo que explica por qué las Tierras Altas fueron al principio un poco más lentas en su desarrollo. A medida que sus sociedades se volvían más complejas, gracias en parte a un mayor exceso de alimentos, pero también debido a las conexiones con otras civilizaciones mesoamericanas, sus culturas comenzaron a evolucionar, y alrededor del año 1500 a. C. se estaba empezando a formar una temprana civilización maya. Aunque debe mencionarse que los lingüistas de hoy en día creen que la lengua proto-maya, de la cual evolucionaron todas las lenguas mayas modernas, se formó ya en el año 2200 a. C., lo que significa que el pueblo maya se había diferenciado de otras tribus mesoamericanas incluso antes de que se elevaran a un nivel de civilización.

Por supuesto, en las primeras etapas de su desarrollo, los mayas no eran tan dominantes como solemos representarlos. Desde el año 1500 a. C. hasta alrededor del 250 d. C. existió la primera civilización maya, conocida por los historiadores como el período preclásico. Durante este tiempo, los mayas aprendieron, adoptando nuevas tecnologías e ideas de sus vecinos que estaban, en ese momento, más desarrollados. Luego vino la edad de oro maya, el período clásico, que duró desde aproximadamente 250 hasta 950 d. C. En esa época, también conocida como la civilización maya media, fueron la cultura más dominante en Mesoamérica, con grandes ciudades, una economía fuerte, y tecnología avanzada en comparación con otras. Pero esa edad de oro llegó a su fin de manera bastante abrupta durante el siglo X d. C., lo que condujo a la tercera era de los mayas-la civilización maya tardía, o período posclásico, que duró hasta que los españoles llegaron a Mesoamérica a principios del siglo XVI. Ese período está marcado por una lenta caída de los mayas, que seguían siendo una civilización importante, pero ya no tan dominante como antes. Por supuesto, todo eso cambió con la llegada de los españoles, quienes demostraron poca comprensión hacia cualquier cultura, religión o idea que no estuviera de acuerdo con su visión cristiana del mundo. Así que, con gran dedicación, trabajaron para aplastar al pueblo maya y a su civilización, lo que los llevó a ser mayormente olvidados durante algunos siglos. Se convirtieron en una tribu "salvaje" más del llamado Nuevo Mundo.

Esa actitud comenzó a cambiar lentamente a principios del siglo XIX cuando México y otros países centroamericanos se independizaron del desmoronado Imperio español. Muchos se interesaron por la historia de estas tierras, y su curiosidad se despertó por algunos de los finos artefactos mayas que habían estado circulando en los mercados de arte. Por supuesto, en ese momento, los coleccionistas de arte no eran conscientes de que estos eran realmente artefactos mayas. Sin embargo, algunos exploradores audaces comenzaron a vagar por las espesas selvas mexicanas, algunos en busca de conocimiento, otros en busca de ganancias materiales. A lo largo de las décadas encontraron muchos sitios cubiertos con árboles y enredaderas de la selva, reuniendo más atención que culminó en la década de 1890 cuando comenzó la primera gran excavación arqueológica y el examen de los sitios mayas. Para entonces, los arqueólogos e historiadores estaban seguros de que las civilizaciones precolombinas, de las cuales los mayas eran probablemente las más famosas, eran más que meros "bárbaros", pero ahora su tarea era entender esas culturas y descubrir el pasado. Aunque muchos sitios mayas fueron encontrados e investigados a finales del siglo XIX y principios del XX, todavía no se sabía mucho sobre esta misteriosa civilización.

Los años 50 marcaron un punto de inflexión en la comprensión del pasado maya. En primer lugar, las nuevas tecnologías y los nuevos sitios arqueológicos permitieron a los investigadores lograr una comprensión más compleja de cómo se veía y evolucionaba la civilización maya. Pero más importantes fueron los primeros avances en el desciframiento de la escritura maya, lo que significó que los investigadores pudieron obtener un nuevo nivel de comprensión del pasado maya. La comprensión del texto escrito en los monumentos, en los libros y en las paredes de los templos proporcionó muchos más detalles sobre los mayas que cualquier otro artefacto. Este descubrimiento innovador también despertó un nuevo interés en los estudiosos de la historia maya, convirtiéndola en uno de los campos más dinámicos de la investigación histórica de la época. Incluso hoy en día, se están descubriendo nuevos hallazgos arqueológicos y los eruditos tienen una comprensión aún mejor de la escritura maya, ampliando nuestro conocimiento y comprensión de la civilización maya. Y hoy en día, como el enfoque interdisciplinario se ha convertido en la norma en el descubrimiento del pasado, los arqueólogos e historiadores están trabajando ahora junto con científicos de otros campos, como lingüistas, antropólogos, genetistas, lo cual es importante para obtener una mejor y más detallada imagen de la civilización maya.

Uno de esos detalles sobre los mayas que es bastante importante conocer es que no están tan unificados como un grupo como la mayoría de la gente se imagina. Cuando se piensa en ellos, la mayoría de la gente asume que es una gran tribu homogénea la que formó una civilización, tal vez similar a la de los antiguos griegos. Pero en realidad, los mayas estaban divididos en grupos más pequeños. Esto es más evidente en su lengua, que desde los primeros proto-mayenses y a lo largo de miles de años se ha dividido en muchos grupos lingüísticos regionales más pequeños. En la época de la época clásica de la civilización maya, había seis grandes subgrupos lingüísticos de los mayas: yucateco, huasteco, ch'olan-tzeltalano, q'anjob'alan, mameano y k'icheano. Pero a pesar de estas divisiones entre la población maya, sorprendentemente se las arreglaron para mantener una estrecha cohesión cultural y civilizacional, similar a la de la antigua civilización mesopotámica. Por supuesto, desde los tiempos de los mayas clásicos, mucho ha cambiado, y hoy en día los lingüistas han diferenciado unas 30 variaciones de la lengua maya. De esas lenguas, la más utilizada es el k'iche' (quiché), con aproximadamente un millón de hablantes, concentrados en Guatemala. También es importante la lengua maya yucateca, que cubre la mayor área, la península de Yucatán, y tiene unos 800.000 hablantes actuales. En total, hay más de 6 millones de personas que todavía hablan una de las muchas lenguas mayas, aunque cabe mencionar que no todos ellos consideran el maya como su primera lengua.

Una familia maya actual de Yucatán, México. Fuente: https://commons.wikimedia.org

Esto nos lleva a otra verdad que a menudo se pasa por alto cuando se habla de los mayas; su historia no termina en el siglo XVI, ni tampoco desaparecieron como un grupo étnico único. A pesar de que el dominio español los influenció fuertemente, lograron mantener su identidad intacta, preservando su lengua, tradiciones y cultura hasta el día de hoy. La mayoría de los mayas viven hoy en día en Guatemala, donde constituyen alrededor del 40% de la población total. También forman una minoría significativa en el sur de México y en la península de Yucatán. Honduras, Belice y El Salvador también tienen todavía algunos indígenas mayas, pero en números mucho más pequeños. En total hay entre 6 y 7 millones de mayas hoy en día, lo que los convierte en uno de los grupos étnicos nativos más grandes de América, lo que es otra razón importante para que conozcamos más sobre su pasado, su cultura y su civilización.

Capítulo 2 - De las aldeas tribales a los primeros estados

Antes de entrar en los detalles más específicos sobre la civilización maya, debemos primero echar un vistazo a cómo se desarrolló a través de la historia, comenzando con la primera época, el período preclásico. Es durante este tiempo que los mayas crearon la base de su cultura, haciendo su sociedad más compleja y cambiando su economía, la guerra y la política. Su civilización evolucionó desde las aldeas tribales, a través de cacicazgos más complejos y dio lugar a los primeros estados mayas. Estos cambios comenzaron en la región de la costa del Pacífico donde, muy probablemente gracias a la mejora de la agricultura, los mayas llegaron a tener excedentes de alimentos. Hacia 1700 a. C. ya existían algunas aldeas más grandes que mostraban claros signos de un estilo de vida completamente sedentario, aunque bastante primitivo e incivilizado. Pero en el siguiente siglo más o menos, otra gran e importante mejora comenzó a aparecer. Esa mejora fue la alfarería. Como expresión cultural, se utilizaba para hacer figuritas que eran en su mayoría representaciones de mujeres, como en la mayoría de las primeras sociedades del mundo. En formas más prácticas, los mayas comenzaron a hacer vasijas de cerámica para almacenar y transportar alimentos. Es importante señalar que este aumento de la vida agrícola sedentaria se produjo en un momento similar en toda Mesoamérica, lo que permitió el desarrollo del comercio. Y, afortunadamente para los mayas de la costa del Pacífico, estaban en una posición perfecta para ello.

La ruta comercial más fácil y rápida desde América Central hasta el actual México atravesaba el territorio maya en el extremo sur. Y con la alfarería, era más fácil transportar y comerciar alimentos, que era muy probablemente el primer artículo de comercio de la región. Para los mayas, como para muchas de las primeras civilizaciones, fue un paso crucial en la evolución. El comercio provocó la estratificación de la sociedad, y el nacimiento de la clase elitista entre los mayas. Debido a la acumulación de riqueza y poder, los estratos dominantes comenzaron a ejercer niveles crecientes de control sobre las clases bajas. Esto condujo a la formación de los primeros llamados pequeños cacicazgos durante el 1400 a. C., en los que un pueblo central gobernaba pequeñas aldeas. Estos signos de sociedad jerárquica significaron que los primeros jefes mayas también fueron capaces de obligar a los plebeyos a participar en las obras públicas necesarias para crear proyectos comunales como la construcción de templos u otros edificios rituales, que fueron las piedras angulares de las primeras civilizaciones. Además, el comercio impulsó a la sociedad maya a desarrollar una mejor artesanía y nuevas herramientas, tanto para mejorar la agricultura, para obtener aún más excedentes de alimentos, como para ser comercializados. Esto significó que además de la agricultura, parte de la población maya se centró en el desarrollo de habilidades artesanales. Y que la diversificación social se considera otro paso importante en la creación de las primeras civilizaciones.

No mucho después, en el año 1200, los pueblos mayas de la costa del Pacífico se hicieron ricos y poderosos, con poblaciones de más de 1000 personas por primera vez. Mejoraron su cerámica a nivel artesanal, mientras que las grandes cantidades de obsidiana en algunos de esos pueblos nos muestran que su riqueza y poder provenían del control de ese valioso recurso. Sin embargo, el comercio siguió siendo lo más importante que impulsó a la civilización maya. En este punto, las aldeas mayas más desarrolladas se volvieron lo suficientemente poderosas como para evolucionar del comercio local al regional, lo que significó que los mayas entraron en contacto con otras sociedades más desarrolladas. De estas, la más significativa fue probablemente la de los olmecas, que vivían en la costa del Golfo de México centro-sur. Los olmecas fueron en su momento la civilización más desarrollada, con una religión estructurada, comercio, centros urbanos y arte altamente sofisticado; se considera que influyeron en el desarrollo de toda la familia de culturas y civilizaciones mesoamericanas. Los mayas no fueron una excepción. De los olmecas, los mayas adoptaron la base de su futura civilización, desde el panteón de dioses y edificios monumentales hasta el urbanismo y los rituales, y el estilo de arte y la veneración de los gobernantes.

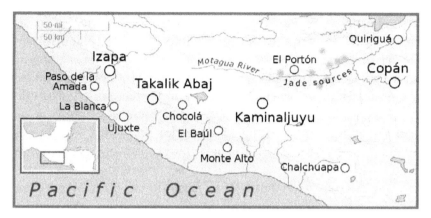

Región de la costa del Pacífico de la patria maya. Fuente:
https://commons.wikimedia.org

Pero, aunque los signos de interacción cultural de los olmecas con gran parte de Mesoamérica son ciertos, en los últimos años ha habido algunos historiadores que tienden a estar en desacuerdo con la noción de que la civilización olmeca es la cultura madre de toda la región. Ellos creen que el intercambio cultural ocurrió tan rápido que es imposible estar seguro de que todos los rasgos mencionados se originen realmente de los olmecas. Argumentan que este salto de civilizaciones es obra de toda la red de culturas mesoamericanas, conectadas a través del comercio. Pero nadie puede negar que durante esa temprana era de la historia mesoamericana las ciudades olmecas fueron las más grandes y poderosas, y muchos de sus vecinos y socios comerciales las imitaron. Entre los que imitaban a los olmecas estaban claramente al menos algunos de los pueblos mayas. Hacia el año 1000 a. C., el arte de estilo olmeca comenzó a reemplazar las formas anteriores de las figuras y vasijas mayas, mientras que el jade se convirtió en un importante material precioso codiciado por la élite maya. Más tarde, desde alrededor del 850 a. C., cuando esos pueblos comenzaron a convertirse en centros urbanos, también imitaron la configuración de La Venta, la más importante y poderosa ciudad olmeca del 900 al 300 a. C.

Ese salto de los pueblos a las primeras ciudades es importante; indica que para el momento en que la civilización maya se había hecho más rica y poderosa, fue al menos en parte gracias al aumento de su comercio con los olmecas y otras culturas. Pero esto era solo el estado de cosas en la región de la costa del Pacífico de la patria maya.

En el norte, en las Tierras Bajas, las cosas eran ligeramente diferentes. Durante el tiempo en que los mayas del sur comenzaron a involucrarse en el comercio regional, alrededor del año 1200 a. C., sus hermanos del norte permanecieron en el bajo nivel de las aldeas agrícolas simples y todavía vivían en una sociedad igualitaria. Los mayas de las tierras bajas comenzaron a alcanzar la costa del Pacífico alrededor del año 1000 a. C., como nos muestran los primeros signos de la arquitectura pública. Esto significó que la sociedad se estaba estratificando, mientras que el arte de jade de estilo olmeca nos muestra que poco a poco comenzaron a involucrarse en el comercio también. Hacia el 700 a. C., los cambios en las sociedades mayas de las tierras bajas comenzaron a acelerarse a medida que su población crecía más rápidamente. Comenzaron a crear monumentales complejos públicos, mientras que también trabajaban en la creación de campos de cultivo con surcos y drenajes. Y el comercio se convirtió en una parte más vital de sus vidas, similar a la de los mayas del sur. Los artefactos que se encuentran en los centros mayas de las tierras bajas son en su mayoría de origen olmeca, lo que demuestra que también eran uno de los socios comerciales más importantes de la zona de las tierras bajas.

A medida que las regiones del sur y del norte de la patria maya experimentaron un período de crecimiento, acumulación de riqueza y poder, las ciudades más fuertes empezaron a evolucionar desde los pequeños cacicazgos antes mencionados hasta los protoestados. Uno de los primeros y mejores ejemplos de esto es el sitio de La Blanca, que floreció aproximadamente desde el 900 al 600 a. C., en la región de la costa del Pacífico. Logró controlar 300 km2 del territorio que lo rodeaba, con dos centros urbanos más aparte de la capital. Estos centros eran, por supuesto, más pequeños y jerárquicamente secundarios a la capital. Junto a estos centros urbanos, los habitantes de La Blanca controlaban al menos 60 pueblos y aldeas más pequeñas en los alrededores. Ese tipo de poder le otorgaba a La Blanca mucha fuerza de trabajo, la cual era utilizada en obras públicas monumentales. Uno de los ejemplos de esa movilización de la mano de obra fue un templo de plataforma que tenía 24m (78 pies) de altura y es considerado como uno de los más grandes de Mesoamérica de esa época. Aparte de La Blanca, muchos otros centros urbanos más grandes similares surgieron en las partes más sureñas de la región maya, con una jerarquía de sitio e influencia más compleja que en épocas anteriores.

Uno de los ejemplos más esclarecedores de este poder proviene de las tumbas de los gobernantes en estas capitales. La tumba más grande, fechada alrededor del 500 a. C., era una cripta de piedra, que estaba llena de bienes preciosos como jade y conchas, un cetro de piedra tallado y tres cabezas de trofeo que eran un claro indicador del estatus y la riqueza del varón enterrado en ella. Pero más que eso, el verdadero poder que ejercía el rey muerto se demostraba con los 12 sacrificios humanos que se encontraban a su alrededor. Ellos, a diferencia del rey, fueron enterrados con la cara hacia abajo. Su papel en este ritual de entierro era más bien el de ser sirvientes del gobernante en su vida después de la muerte. Los sacrificios humanos y las cabezas de trofeo también nos muestran, junto con otras tallas y hallazgos de cabezas de proyectiles, que la guerra se estaba convirtiendo en una parte más importante y regular de la vida maya. Los gobernantes mayas descubrieron que las incursiones a pequeña escala eran una buena manera de obtener riqueza y mano de obra, pero también de eliminar a sus rivales. Además de eso, los cautivos de la guerra eran utilizados para sacrificios religiosos, y con eso los gobernantes también reforzaban la autoridad sobre sus subordinados, demostrando que eran más que capaces de cuidarlos en los aspectos religiosos y materiales de la vida.

La prosperidad de la vida material y religiosa también fue evidente en la región de las tierras bajas, aunque no tanto como en la costa del Pacífico. Se erigieron templos aún más grandes que antes, como los del sitio sur de las Tierras Bajas de El Mirador, que rivalizaban en tamaño con las pirámides egipcias. También construyeron canchas de juego de pelota ritual, así como *sacbeob, sacbe* singular, que eran caminos elevados que conectaban los templos, plazas y otras estructuras en sitios ceremoniales que muy probablemente tenían algún significado religioso. Sin embargo, en este momento parece que el proceso más importante en las Tierras Bajas fue la expansión de los mayas desde las riberas de los ríos y lagos hacia el interior de la región, que estaba muy densamente poblada de bosques. Esto fue posible gracias al desarrollo de la agricultura de arrastre, más conocida como la técnica de tala y quema, que hizo posible la tala de partes del bosque para la agricultura, dejando que se repusiera para que el proceso fuese repetido. Con esa expansión, casi toda la región de las Tierras Bajas fue colonizada por el pueblo maya.

La expansión de la civilización maya no se limitó sólo a las Tierras Bajas. A medida que tanto el norte como el sur del territorio maya se enriquecieron y se involucraron más en el comercio, también extendieron su influencia a las Tierras Altas. Por supuesto, esta región montañosa fue colonizada ya en el año 1000 a. C., pero permaneció bastante poco desarrollada. Su crecimiento y expansión sólo se produjo alrededor del año 800 a. C., muy probablemente influenciado por el desarrollo del comercio entre las Tierras Bajas y la costa del Pacífico, lo que significó que los comerciantes tuvieron que cruzar las Tierras Altas. Esto significó que los mayas de las tierras altas comenzaron a aprender y a adoptar los avances realizados por sus parientes. Hacia el año 600 a. C., comenzaron a utilizar la irrigación para hacer más fértiles los valles en los que vivían, y esto junto con otros signos de obras públicas como monumentos y templos muestran que para entonces habían logrado desarrollar sociedades estratificadas donde las elites eran capaces de movilizar la fuerza de trabajo para proyectos comunes. El mejor ejemplo de esto es Kaminaljuyu, un centro urbano ubicado en el actual centro de Guatemala, cerca de la ciudad de Guatemala, que logró utilizar el control del riego para hacer valer su dominio directo sobre todo el valle en el que fue construido. Las tallas muestran que los gobernantes de esta ciudad ejercían una fuerte autoridad gracias a sus roles religiosos, así como a su éxito en la guerra. Y, como estaban situados en una importante ruta comercial que conectaba las regiones mayas del sur y del norte, se enriquecieron bastante al controlarla.

Por supuesto, esa riqueza se destinaba principalmente a la élite gobernante, o para ser más precisos a los gobernantes, como era el caso en casi todas las ciudades mesoamericanas de la época. Esta acumulación de riqueza y poder en manos de los gobernantes era la clave para el siguiente paso de desarrollo de la sociedad maya, que era la formación de los primeros estados. Pero para el 400 a. C., ciudades como las anteriormente mencionadas Kaminaljuyu y El Mirador, así como muchas otras, crecieron considerablemente, cubriendo hasta $4km^2$ ($1.5mi^2$), lo que hizo que estos centros urbanos fueran tan grandes, si no más grandes, que las ciudades de la Antigua Grecia como Atenas. Ese crecimiento fue una consecuencia directa de su éxito en el comercio, ya que los olmecas anteriormente dominantes estaban en constante declive, desapareciendo lentamente de la escena histórica. Con más riqueza, la sociedad maya se volvió más estratificada, con más de dos clases: las elites gobernantes y los plebeyos. Todo esto culminó con la creación de un fuerte culto a los gobernantes, posiblemente influenciado por los olmecas, que se basó parcialmente en su papel religioso en la sociedad. Con la incuestionable autoridad de los gobernantes, que a estas alturas ya pueden ser llamados incluso reyes, la transformación de las políticas mayas de cacicazgos a estados fue completa.

Una porción excavada de la acrópolis de Kaminaljuyu. Fuente: https://commons.wikimedia.org

Un buen ejemplo de esta transformación es El Ujuxte, una ciudad que de alguna manera puede ser considerada como sucesora de La Blanca como el centro urbano más importante de la región de la costa del Pacífico. Ese centro de poder logró formar un estado que cubría un área de 600km² (230mi²), con cuatro niveles de jerarquía administrativa, que iban desde unas pocas docenas de simples pueblos más pequeños, hasta centros de ciudades secundarias que copiaban la capital. Y como capital, El Ujuxte estaba organizada centralmente con grandes edificios monumentales en el centro de la ciudad, que muy probablemente cumplían funciones ceremoniales y religiosas que también eran importantes para la autoridad del gobernante. Ese centro estaba rodeado por la zona residencial, lo que significaba que esta ciudad era un centro urbano muy ocupado con una economía muy activa. Los arqueólogos piensan que este estado, además de controlar las rutas comerciales de la costa, lo que sin duda fue una gran parte de su éxito, dependía del cacao y el caucho como principales recursos que lo hacían rico. Por supuesto, las riquezas que fluían hacia la ciudad iban en su mayoría al gobernante y a la élite que lo rodeaba, lo que se evidencia en las numerosas grandes obras públicas, tumbas y monumentos que los reyes construyeron como muestra de su poder. Por supuesto, El Ujuxte no era un ejemplo único de esto, había muchos estados y ciudades en la costa del Pacífico que pasaron por un crecimiento y avance similar en los últimos siglos antes de la era común.

Los mayas del norte de las Tierras Bajas también siguieron un desarrollo similar, que probablemente sea más evidente en el sitio arqueológico de El Mirador. La ciudad de El Mirador era ligeramente más pequeña que El Ujuxte, pero su verdadero poder se muestra claramente a través de la escala de sus edificios monumentales. El templo de la pirámide La Danta, que formaba parte de este centro urbano, no solo era la pirámide más grande de la historia de toda la civilización maya, sino que también ostenta el título de la pirámide más grande conocida en toda Mesoamérica. Además, con una altura de 72m (236 pies) y un volumen estimado de 2.800.000 metros cúbicos, es una de las pirámides más grandes del mundo. Y, aunque el majestuoso templo sigue siendo impresionante tanto para su época como para la nuestra, cabe destacar que mucha más mano de obra en forma de construcción y mantenimiento se destinó a la red de caminos y calzadas que conectaban a El Mirador con sus centros subordinados. Esos caminos facilitaban el comercio y permitían a los gobernantes de este estado controlarlo mejor. Al igual que en el caso de El Ujuxte, ese control era la columna vertebral del poder y la riqueza de El Mirador. Pero desafortunadamente, aunque hay claras señales de que algunos de los pueblos y aldeas de los alrededores estaban bajo el control de El Mirador, los arqueólogos no pueden estar seguros de cuán lejos y ancho llegó su dominio político. Lo que sí es cierto es que la autoridad de los reyes de El Mirador era enorme, especialmente para esa época, comandando a miles de trabajadores y gobernando a una población que medía en decenas de miles. Sin duda alguna, gobernaron sobre el estado más poderoso de las Tierras Bajas.

Los reyes de Kaminaljuyu se encontraban en una posición bastante similar a la de sus pares de El Mirador y El Ujuxte, gobernando sobre un estado que era el más poderoso de la región de las Tierras Altas. La jerarquía exacta y el alcance de su dominio directo son hoy inciertos, debido a que la actual ciudad de Guatemala se encuentra en una gran parte de esa antigua metrópoli. Sin embargo, con signos de control sobre importantes canteras de obsidiana ubicadas a unos 19km (11mi) al noreste de Kaminaljuyu, se puede ver claramente que su dominio político cubría un área bastante grande. Pero, el control de esas canteras también revela que esta ciudad era un importante centro productor de herramientas de corte, que se exportaban a otras áreas de la patria maya. Además de sus propias exportaciones, la economía de Kaminaljuyu también dependía de la conexión comercial entre las Tierras Bajas y la costa del Pacífico que atravesaba su territorio. Con el aumento de la economía, los gobernantes de esa ciudad pudieron expandir los sistemas de irrigación anteriores con dos nuevos canales grandes, lo cual fue importante para el avance de la agricultura en la zona no tan apta para ello. Este tipo de proyectos públicos también muestra claramente que los reyes de Kaminaljuyu también excretaban una autoridad bastante fuerte sobre sus subordinados, ya que la mano de obra necesaria para construir y posteriormente mantener los sistemas de riego, así como otros edificios monumentales, era igual a la mano de obra que los gobernantes de El Mirador necesitaban para sus obras públicas. Además de esa evidencia indirecta de su poder y riqueza, numerosos monumentos y tumbas ricamente llenas también son testimonio de ello.

Pero esos monumentos dicen más que lo poderosos que eran varios gobernantes y reyes. También dan una idea de cómo con el desarrollo de los estados la sociedad maya también se volvió más compleja. Al observar esos monumentos, así como otras piezas de arte, es claro que había más artesanos especializados, que se enfocaban más en perfeccionar sus habilidades a nuevos niveles. Este tipo de estratificación horizontal de la sociedad es el resultado de una división del trabajo más diversa y de una economía más desarrollada. Uno de los productos de esa sociedad maya evolucionada fue el desarrollo cultural y de la civilización, lo que condujo a algunas innovaciones significativas. Las más influyentes y más importantes de ellas fueron sin duda el desarrollo de los sistemas de escritura y ahora el llamado calendario maya. Aunque es cierto que ambas innovaciones fueron adoptadas de otras civilizaciones mesoamericanas, con ellas los mayas desarrollaron todas las características de lo que hoy consideramos su civilización clásica. Algunos historiadores incluso consideran que este período, alrededor del siglo I a. C. y el siglo I d. C. debe ser visto más como un período clásico temprano que como un preclásico tardío, pero la antigua división permanece. Pero no importa cómo los científicos etiqueten este período, está claro que la sociedad maya alcanzó niveles bastante altos de sofisticación.

Desafortunadamente, esa sofisticación no significa que los mayas fueran pacíficos, ni entre ellos ni con sus vecinos. Esto es claramente evidente en las escenas de conquistas y victorias de los reyes y guerreros mayas, que eran un tema común de las tallas en los monumentos, así como en otros tipos de artes. Los sacrificios humanos y las cabezas de trofeo muestran no sólo el lado militante de la sociedad maya, sino también que la destreza en la guerra era importante para cimentar la autoridad de los reyes mayas. Y si todo esto parece una evidencia circunstancial, el hecho de que algunos de esos gobernantes construyeran zanjas y muros fortificados alrededor de sus ciudades confirma sin duda alguna que la guerra era una parte importante de la sociedad maya. Y parece que ninguno estaba a salvo de los peligros de la guerra, sin importar cuán fuertes y grandes eran sus estados, ya que incluso El Mirador, una de las ciudades más poderosas de la época, estaba fortificada. Los arqueólogos también han encontrado signos de lucha en algunos sitios, que tienen signos de destrucción deliberada, mostrando que la guerra no consistía solo en simples incursiones de saqueo, sino que en ocasiones estaba dirigida a destruir al enemigo. Pero las guerras no solo afectaban a los dos o más bandos que participaban directamente en la lucha. Algunas ciudades sufrieron mucho cuando los enfrentamientos por el poder interrumpieron el comercio importante, que obviamente era una parte importante de la economía maya.

Algunos historiadores incluso sostienen que la guerra fue la causa principal del declive de la primera civilización maya que comenzó alrededor del año 150 d. C. Piensan que la competencia por el poder y el control del comercio la perturbó tanto que muchas ciudades fueron abandonadas y destruidas, lo que llevó a un llamado hiato cultural que duró aproximadamente entre el 150 y el 250 d. C. Pero, aunque la guerra jugó claramente un papel importante en la desaparición de los mayas preclásicos, es más probable que esto haya sido provocado por un conjunto de circunstancias interconectadas. Por un lado, hay evidencia de sequías en casi toda la tierra natal maya. Se cree que los propios humanos jugaron un papel crucial en la causa con la superpoblación, la deforestación y el uso excesivo del suelo fértil. Esto llevó a la desecación de los lagos alrededor de Kaminaljuyu, mientras que los alrededores de El Mirador se convirtieron en una zona pantanosa. Y como si esto no fuera suficiente, el volcán Ilopango en El Salvador entró en erupción en los bordes de la región sur alrededor del año 200 d. C. Muchos sitios en el sureste fueron abandonados, los cuales eran importantes productores de herramientas de obsidiana, vitales para la economía maya, y que cortaban las rutas comerciales a las ciudades de la costa del Pacífico y el resto de América Central. Y la ceniza volcánica que se esparció por la región dificultó mucho más la agricultura, obstruyendo los ríos y cambiando su curso.

Esos desastres naturales afectaron en mayor medida a la región de la costa del Pacífico, lo que hizo que perdiera su lugar como la región más desarrollada de la civilización maya, cediendo ese papel a las tierras bajas. La interrupción del comercio en el sur dio lugar a nuevas posibilidades para los mayas del norte, que ellos tomaron. Sin embargo, éstas no fueron suficientes para salvarlas a todas, y El Mirador cayó ya que la tierra pantanosa no era lo suficientemente fértil para mantener su gran población. Kaminaljuyu tenía una fortuna mixta. La ciudad sobrevivió, aunque parece que un nuevo grupo de los mesoamericanos occidentales tomó el control de la misma, lo que es otro signo de un aumento de las guerras en ese período. Los desastres naturales condujeron a la disminución de los recursos, lo que provocó una competencia mucho más feroz por ellos, lo que llevó a una escalada de la guerra entre los estados mayas. La combinación de todos estos factores condujo no sólo a un paréntesis cultural y a un cambio de poder de sur a norte, sino también a una gran despoblación de toda la región maya, lo que provocó un mayor debilitamiento de la civilización maya. Pero no importa cuán desastroso haya sido el final del período preclásico de la historia maya, fue un período importante que estableció las bases de su civilización, que permaneció en su lugar hasta la desaparición final de los mayas durante la conquista española.

Capítulo 3 - La edad de oro

La llamada pausa de la civilización maya que se produjo a finales del preclásico, por muy apocalípticos que suenen los relatos, no significó en realidad el final de la historia maya. Ese período fue más bien una pausa en el desarrollo y florecimiento de los mayas. La mayor consecuencia fue que la región de la costa del Pacífico perdió su lugar como la región más avanzada, dejando ese título a las Tierras Bajas del sur. Ese área se convirtió en el corazón del período Clásico, marcando la cúspide de la civilización maya. Se produjeron muchos cambios, la mayoría de los cuales se basaron en los cimientos establecidos en los siglos anteriores. Los gobernantes no solo se veían conectados con los dioses a través de ceremonias y rituales, sino que se veneraban a sí mismos. Y los gobernantes de la era clásica ahora eran representados usualmente usando trajes de guerrero, simbolizando su evolución a reyes guerreros. La escritura se extendió, pero siguió centrada en asuntos religiosos y de estado, mientras que los templos seguían siendo el centro de la vida pública. El arte maya se volvió más colorido y detallado, alcanzando nuevos niveles de finura. Esta edad de oro permitió también que la población maya se elevara sustancialmente, pero el panorama político nunca les permitió unificarse en un solo imperio. Esto dejó a la civilización dividida en muchos estados que lograron eclipsar y empequeñecer a los estados de la primera civilización maya.

Como casi todos los aspectos de la época clásica maya tenían sus raíces en la época anterior, también las tenían la mayoría de las ciudades y estados. Tikal, una de las principales potencias de la civilización maya media, situada en el norte de Guatemala, no fue una excepción. Fue una de las ciudades que se benefició de la caída de El Mirador, que dominó parte de la patria maya, lo que llevó a Tikal a convertirse en un importante centro de comercio que conectaba el este y el oeste de Mesoamérica. El poder político de este estado fue evidente, ya que logró tomar el control de las ciudades circundantes, e instalar dinastías aliadas en ciudades más lejanas, en la actual Yucatán u Honduras. La ciudad de Tikal creció a niveles inimaginables para los mayas del Preclásico. Cubrió un área de 60km^2 (23mi^2), pero aún más impresionante es el hecho de que las fortificaciones de la ciudad defendieron un área de 123km^2 (48mi^2). Se estima que la población de esta enorme ciudad era de entre 60 y 100 mil personas, lo que es otra muestra de su poder y riqueza. Hacia el año 300 d. C., Tikal creció tanto que estableció no sólo el comercio, sino conexiones diplomáticas con el centro de México, convirtiéndolo en el estado más poderoso de la época clásica temprana.

Por supuesto, los reyes de Tikal, como todos los anteriores gobernantes mayas, querían marcar su éxito y poder. Lo hicieron en los monumentos, o para ser más precisos, en las estelas. Tallaron fechas y nombres importantes en ellas para celebrarse a sí mismos, dejando posteriormente algunas de las fuentes más importantes que los historiadores de hoy en día tienen sobre la época. En una de ellas, un gobernante fundador de esta ciudad está marcado como Yax Ehb Xook, que gobernó alrededor del siglo I d. C. Los historiadores están seguros de que no fue el primer gobernante, ya que la ciudad fue fundada mucho antes de eso, por lo que asumen que obtuvo el título de "fundador" por ayudar a lograr la independencia política. Estos monumentos demuestran cómo Tikal terminó con la independencia de las ciudades que la rodean, ya que en las ciudades conquistadas no hay rastros de estelas dedicadas a los gobernantes locales. Una de las historias más interesantes que podemos ver en estos monumentos es un cambio dinástico en Tikal. En el año 378 d. C. un rey llamado Chak Tok Ich'aak I (Pata de Jaguar) murió cuando Siyaj K'ak' (Rana Fumadora) llegó a la ciudad. Si al principio parece una coincidencia, el hecho de que el siguiente rey, Yax Nuun Ayiin (Nariz Rizada), fuera coronado un año más tarde por Siyaj K'ak' muestra claramente que no fue así. Esa toma de posesión no fue pacífica, ya que la mayoría de las estelas construidas antes del año 378 fueron desfiguradas y destrozadas. Además, parece que Yax Nuun Ayiin no reclamó el trono por ningún signo de legitimidad, ya que los registros muestran que reclamaba ser hijo de un gobernante de un reino no especificado.

*Plaza central y el templo en Tikal. Fuente: **https://commons.wikimedia.org***

Aunque el origen exacto de Curl Nose no se indica en los monumentos, los historiadores lo han reducido a un candidato casi seguro: la ciudad de Teotihuacan, en el centro de México, más tarde región azteca. La evidencia de ello radica en que las fuentes indican que la Rana Fumadora y su ejército procedían de esa dirección, pero también porque Yax Nuun Ayiin se muestra adornado como un Teotihuacano. Por supuesto, esa prueba no es completamente concluyente, pero el hecho de que Teotihuacan fue una de las ciudades más grandes y poderosas de toda Mesoamérica, dominando desde el siglo I al VI d. C., también apoya esa teoría. El poderío y el alcance de la ciudad eran tan grandes que algunos historiadores incluso argumentaron que su surgimiento fue uno de los factores perturbadores del comercio maya que causó el hiato maya. Pero es importante señalar que alrededor del 400 d. C., la "superpotencia" centroamericana Teotihuacan también instaló a sus aliados vasallos en Kaminaljuyu, lo que, combinado con el control de Tikal, significó que Teotihuacan obtuvo un acceso más directo a recursos de prestigio como el jade, la obsidiana, las pieles de jaguar y las plumas de aves tropicales. Esta interacción entre dos regiones también influyó en la cultura maya, influyendo en su estilo de arte, arquitectura y otros aspectos de su civilización. Los conquistadores teotihuacanos también trajeron sus armas más avanzadas y letales, las cuales fueron rápidamente adoptadas por los mayas, mientras que esta influencia extranjera también ayudó al surgimiento del simbolismo del rey guerrero y su culto, el cual ya estaba establecido en la región central de México.

La influencia de Teotihuacan no se limitó sólo a la cultura, sino que también impactó en la economía y la política. El hecho de ser un aliado del estado más poderoso de la región, y parte de su extensa red de aliados fue ciertamente beneficioso para Tikal. El acceso a recursos mucho mayores a través de la red comercial de Teotihuacán hizo a Tikal mucho más rico que antes, haciendo que su economía fuera la más fuerte en el período Clásico temprano de la civilización maya. Al mismo tiempo, una alianza con la potencia mesoamericana elevó la influencia política de Tikal, convirtiéndola en el estado más poderoso del período en las Tierras Bajas y, posteriormente, en toda la patria maya. Una economía fuerte junto con el poder político, por supuesto, llevó a la expansión militar. Algunas ciudades, como la cercana Uaxactún, Tikal se incorporó directamente a su reino a través del control directo. Otras más lejanas, como Copán, situada en la actual zona occidental de Honduras, vieron cómo sus dinastías eran derrocadas y sustituidas por gobernantes leales a Tikal. Así que, sufriendo un destino similar al de Tikal, esos estados también fueron puestos en una especie de posición vasalla a su centro de poder. Pero, al lograr tal dominio, Tikal se hizo de muchos enemigos, que probablemente se oponían tanto a su supremacía económica y política, como al factor extranjero en su gobierno y cultura. Por eso, lentamente se fue formando una alianza anti-Tikal, liderada por la ciudad de Calakmul.

Calakmul era una ciudad situada en el actual sureste de México, cerca de la frontera con Guatemala, a 38 km al norte de El Mirador. Y de manera similar a Tikal, controlaba parte de las rutas comerciales que pasaban por las Tierras Bajas. En su apogeo, la ciudad tenía una población estimada de 50 a 100 mil habitantes, que vivían en un área de 20km^2 (8mi^2) rodeada por una red de canales y embalses que, hasta cierto punto, servían como protección fortificada contra los ataques externos. Se desconoce la historia temprana de Calakmul, pero algunas evidencias tienen su origen en el período preclásico tardío y conectan a su primer gobernante dinástico con El Mirador. Pero para el año 500 d. C., se volvió lo suficientemente poderoso como para desafiar la supremacía de Tikal, y los gobernantes de Calakmul comenzaron a construir alianzas con los estados que rodeaban a su enemigo. El mayor éxito diplomático fue poner a Caracol, antes aliado de Tikal, a su lado a mediados del siglo VI. Esta ciudad fue fundada en el período preclásico tardío o clásico temprano en lo que hoy es el oeste de Belice. En ese primer período, hay signos de influencia mexicana central, lo que la convierte en parte de la red comercial de Teotihuacan. En el momento de la confrontación con Tikal, era una ciudad en ascenso, que en el apogeo de su poder tenía entre 100 y 120 mil personas cubriendo más de 100km² (38mi²).

El enfrentamiento entre Calakmul y Tikal comenzó en la década de 530 cuando los aliados de Tikal lograron derrotar a Calakmul. Pero esa derrota no fue total ya que, para el final de la década, Calakmul se recuperó. El mayor punto de inflexión llegó en el año 553 d. C. cuando el Señor Agua del Caracol cambió de bando y se alió con Calakmul. Aunque Tikal, bajo el mando de Wak Chan K'awiil, logró la primera victoria en el año 556 d. C., no fue suficiente para terminar la guerra. Cuando Sky Witness fue coronado como el rey de Calakmul alrededor del año 561, la fortuna cambió. Los historiadores piensan que él orquestó la derrota de Tikal en el año 562 d. C. por las manos del Señor Agua, quien en su ataque al enemigo también logró capturar a Wak Chan K'awiil. El gobernante de Tikal fue sacrificado, pero la guerra duró con menor intensidad durante aproximadamente otra década, concluyendo con la pérdida total de Tikal. Hay muchas razones por las que este poderoso estado no pudo salir de esta guerra como un vencedor. Por un lado, durante este período Teotihuacan comenzó a decaer, en parte debido a las corrientes de aire, pero también hay signos de una derrota militar. En segundo lugar, durante su supremacía, Tikal actuó de tal manera que se distanció de la mayoría de los demás estados mayas, por lo que no pudo contar con un amplio apoyo de sus vecinos. Y finalmente, parece que Calakmul pudo impactar su comercio, debilitando su poder material tan vital en la guerra.

Al final, para Tikal, la pérdida no significó solo la pérdida de riqueza y poder. Marcó el fin de su independencia durante aproximadamente 130 años. Sus gobernantes fueron subyugados por los reyes de Calakmul, que no les permitieron construir ningún monumento o estela. La mayor parte de las ganancias financieras de la ciudad fueron a su nuevo amo como tributo y, como resultado, el crecimiento de la población en Tikal se detuvo. Ese período de supresión de esta antigua gran potencia maya se llama ahora el paréntesis de Tikal, durante el cual no hubo ningún avance en la ciudad. Por supuesto, esto no se limitó sólo a Tikal. Por ejemplo, en Uaxactún, que estaba bajo el control de Tikal, la construcción se detuvo completamente durante este período, y el parón se extendió a muchas ciudades que fueron subyugadas por Tikal. Lógicamente el mayor ganador de esta guerra fue Calakmul, que ganó mucho poder político, expandió su área de control, y, sin Tikal como competencia comercial, prosperó. Caracol también se vio impulsado por la derrota de su antiguo aliado, experimentando un tremendo crecimiento en población y tamaño, así como en economía. Pero desafortunadamente para los mayas, esta guerra no trajo paz permanente a la región.

Con la desaparición de Tikal de la escena política de la civilización maya, se dejó un gran vacío en el poder que Calakmul no fue capaz de llenar por sí mismo. Sus gobernantes lograron explotar la victoria, y la ciudad ganó mucho, pero no lograron convertir su alianza militar en una dominación política más permanente sobre otros estados mayas. Sus aliados decidieron resistir la autoridad de Calakmul y mantener su independencia. Y muchas ciudades, incluyendo los aliados de Calakmul, crecieron durante el vacío de poder. Esto condujo a que más estados mayas pudieran competir entre sí en la competencia por la influencia política y el control del comercio. Este tipo de panorama político trajo consigo un largo período de guerras y luchas entre los mayas, lo que marca la transición del período clásico temprano al período clásico tardío de esta civilización. Y aunque la escalada de la guerra marcó esta era, la civilización maya realmente prosperó. Este fue un período de crecimiento cultural, con avances en el conocimiento astronómico y el calendario, sofisticación del arte, e incluso un uso más amplio de los textos que muestran nuevos niveles de habilidades de los escribas. La guerra constante no disminuyó el tremendo crecimiento de la población maya, que alcanzó un máximo de unos 10 millones de personas. Pero, la clase elitista utilizó la lucha continua para expandir su poder y control sobre los plebeyos, mientras que al mismo tiempo extendió el tamaño de sus estados a nuevos niveles. Y a medida que Teotihuacán caía, los mayas se convirtieron en la civilización más desarrollada de Mesoamérica, extendiendo su estilo de arte e influencia por toda la región.

A principios del período clásico tardío, a finales del siglo VI y principios del VII, Calakmul y Caracol continuaron expandiendo su poder, atacando otros estados, conquistándolos o creando estados vasallos a partir de ellos. Parecía que su supremacía era incuestionable. Pero las guerras casi constantes les pasaron factura, y su poder ya no era incuestionable. A medida que se debilitaban, los reyes de Tikal lograban recuperar parte de su vitalidad. Durante la década de 640 d. C., una rama lateral de la familia real de Tikal estableció una nueva ciudad, Dos Pilas, para servir como puesto militar y comercial. Se ubicó a 105 km al suroeste, en la región del lago Petexbatún. Como era de esperarse, Calakmul no iba a permitir esto sin una pelea, y en 659 atacaron Dos Pilas, derrotándola muy probablemente sin muchos problemas. El gobernante de esa ciudad, B'alaj Chan K'awiil, logró escapar a la ejecución y se convirtió en vasallo de Yuknoom el Grande, el rey de Calakmul. Yuknoom, en un movimiento político bastante inteligente, volvió a su nuevo vasallo contra sus antiguos aliados, poniendo en conflicto directo a dos ramas de la dinastía real de Tikal. Pero, aunque Dos Pilas tenía un poderoso aliado, en el año 672 d. C., Tikal logró recuperar el control de su antigua colonia. Calakmul intervino cinco años después para reincorporar a B'alaj Chan K'awiil al trono, alejando a las fuerzas de ocupación. Y, como era obvio para Yuknoom el Grande que su aliado y vasallo no era capaz de luchar contra Tikal por sí mismo, en el año 679 d. C., le ayudó a conseguir una victoria decisiva sobre su propia familia. Aunque los textos en Dos Pilas hablan de montones de cabezas y charcos de sangre, este enfrentamiento entre viejos enemigos demostró que, aunque Calakmul seguía siendo el estado maya más poderoso, no era intocable.

Otro choque para la supremacía de Calakmul fue cuando en los años 680 dos de sus aliados, Caracol y Naranjo, comenzaron una guerra entre ellos. Naranjo era una ciudad, también ubicada en el norte de Guatemala, que sufrió mucho por los enfrentamientos por la supremacía entre otros estados más grandes. En un principio fue aliada de Tikal, luego fue tomada por Calakmul, y a principios del siglo VII cambió de manos de Caracol y Calakmul. Sin embargo, Naranjo de alguna manera se las arregló para ganar la independencia en el año 680 d. C., y luego aprovechó la oportunidad para resolver la continua disputa que tenía con Caracol. Yuknoom el Grande decidió apoyar a Caracol, probablemente porque era un aliado más antiguo, y logró aplastar la resistencia de Naranjo. Se esperaba de él que volviera a incorporar a Naranjo bajo su control directo, por lo que casó a la hija del gobernante de Dos Pilas con un noble Naranjo para restaurar la dinastía en esa ciudad. Los historiadores no están de acuerdo con el motivo por el cual lo hizo, pero la movida logró fortalecer a los Naranjo, y durante los siguientes años incursionó y atacó el territorio de Caracol. La habilidad de Calakmul para controlar a sus aliados y vasallos se estaba desvaneciendo claramente, lo que solo empeoró con la muerte de su eminente y exitoso rey, Yuknoom el Grande, en 686. d. C.

El nuevo rey de Tikal, Jasaw Chan K'awiil, quien fue coronado en el año 682 d. C., decidió explotar la debilidad de Calakmul. Primero, fortaleció su posición en su propia ciudad, construyendo nuevos templos y estelas, erigiendo el primer monumento con el nombre del gobernante después de la gran derrota de Tikal en el siglo VI. Fue él quien sacó a Tikal del llamado parón. Con el prestigio restaurado de su dinastía, en el año 695 d. C., atacó por primera vez a Naranjo, y más tarde ese mismo año luchó directamente contra Calakmul. En ambas batallas ganó, logrando capturar muchos prisioneros que luego fueron sacrificados. Los historiadores no están seguros de lo que pasó con el rey de Calakmul, ya que hay algunas referencias vagas y poco claras de que él estaba entre los capturados, pero, aunque logró escapar de la muerte a manos de Jasaw Chan K'awiil, pronto desapareció de la escena política. Por otro lado, el rey de Tikal gobernó durante aproximadamente otros 40 años, renovando completamente el poder y el estatus de su estado. Logró retomar la supremacía sobre los estados mayas desde Calakmul, pero la rivalidad entre estas dos "superpotencias" mayas continuó durante más de 100 años, hasta el final del período clásico.

A pesar de que Calakmul sufrió una gran derrota, Dos Pilas siguió siendo su aliado. Pero ya no era un vasallo subyugado, ya que su crecimiento en fuerza aseguró su independencia. Los herederos de B'alaj Chan K'awiil, que murieron poco después de Yuknoom el Grande, continuaron extendiendo su influencia y sus territorios a través de la guerra y el matrimonio. Consiguieron crear lo que los historiadores llaman hoy el Reino de Petexbatún. En el año 735 d. C., los gobernantes de Dos Pilas lograron conquistar Seibal, la ciudad más grande de su región, y para el año 741, el Reino de Petexbatún tenía un área de 4000 km^2 (1544 mi^2) bajo su control. Con esa expansión Dos Pilas también obtuvo el control de las rutas comerciales que se dirigían a las tierras altas, dándoles un importante impulso económico. A partir de ese rápido éxito, era probable que este reino creciera lo suficiente como para competir por la supremacía con Tikal y Calakmul, pero sus fortunas cambiaron rápidamente. La ciudad fue atacada por sus enemigos locales, que fueron alimentados con la venganza. Los gobernantes del Reino de Petexbatún trataron de defender su capital fortificándola rápidamente, sacrificando sus palacios y monumentos para construir murallas, pero fue inútil, y en el año 761 d. C., Dos Pilas fue saqueada. Petexbatún logró sobrevivir, cambiando a otra capital, y la guerra siguió con tal ferocidad que para el año 800 gran parte de la región fue abandonada, ya que la gente se trasladó a lugares más seguros. Para entonces, a través de la constante guerra y destrucción, el Reino de Petexbatún fue disuelto.

Uno de los factores que contribuyeron a la caída de Petexbatún es el hecho de que durante los años 740 su poderoso aliado Calakmul sufrió una nueva derrota por Tikal. La causa de otro enfrentamiento fue el incentivo de Calakmul a la ciudad de Quiriguá para rebelarse contra Copán, un antiguo aliado de Tikal. La ciudad de Copán durante el siglo VII de la era cristiana logró expandir su prestigio y poder, cubriendo un área considerable en lo que hoy es el occidente de Honduras. En el apogeo de su poder a principios del siglo VIII, uno de los reyes de Copán incluso proclamó que era políticamente igual tanto a Tikal como a Calakmul, así como a Palenque, ciudad de la que hablaremos más adelante en el capítulo. Bajo el control de ese poderoso estado de Copán se encontraba una ciudad mucho más pequeña, Quiriguá, ubicada a unos 50 km al norte de la capital. Era un importante puesto de avanzada para Copán ya que le permitía controlar el comercio de jade, así como el fértil valle que lo rodeaba. En el año 736 d. C. el gobernante de Calakmul se reunió con su par en Quiriguá, probablemente dándole su apoyo para rebelarse contra Copán, lo que sucedió dos años después. Con un nuevo poder detrás, Quiriguá logró ganar su independencia de sus antiguos amos y se convirtió en un estado independiente, ahora conectado a Calakmul. Copán perdió territorio económicamente importante, y aunque nunca fue sometido por Quiriguá, empezó a perder su prestigio y poderío. Por otro lado, Quiriguá logró expandir su poder y riqueza, llegando a ser hasta cierto punto más poderoso que su enemigo del sur. Ese tipo de intromisión en los asuntos de sus aliados no era algo que Tikal pudiera permitir que quedara impune. Así que, en represalia, Tikal atacó y conquistó El Perú-Waka en el año 743 y Naranjo en el 744 d. C., siendo estos asentamientos importantes aliados y socios comerciales de Calakmul. Esa pérdida debilitó aún más a Calakmul, y nunca logró recuperar su antigua gloria. En contraste, Tikal una vez más ganó el control completo del comercio este-oeste a través de las Tierras Bajas, convirtiéndose una vez más en la incuestionable potencia número uno del mundo maya.

Dejando de lado por un momento la lucha entre Tikal y Calakmul, que parece ser el problema político y económico central de la era clásica tardía de la civilización maya, hay otra ciudad importante que merece ser mencionada. Se trata de Palenque, situada en las tierras bajas del oeste, el actual estado de Chiapas, en el sureste de México. Al estar en el límite de la región maya, rodeada en su mayoría por tribus no mayas, Palenque se las arregló durante la mayor parte de su historia para no verse involucrada en la lucha entre las dos "superpotencias" mayas. Fue fundada a mediados del siglo V a. C., a lo largo de una ruta comercial que conectaba el centro de México y la tierra natal de los mayas. Como tal, es muy probable que formara parte de la red comercial de Teotihuacán y que en algún momento fuera aliada de Tikal. Esa es la única razón por la que Calakmul habría atacado dos veces una ciudad que está a 227 km de distancia. Esas demostraciones de poder de Calakmul ocurrieron en los años 599 y 611 d. C., durante el paréntesis de Tikal, y fueron la única extensión de la participación directa de Palenque en la lucha entre Tikal y Calakmul. Más tarde, durante el siglo VII, Palenque floreció y logró convertirse en un estado respetable y poderoso en el oeste, atacando y conquistando a muchos de sus vecinos. Pero a principios del siglo siguiente su poder empezó a flaquear, y en los años 711 y 764 d. C., sufrió dos grandes derrotas por parte de un estado enemigo en su región.

Está claro que Palenque no jugó un papel tan significativo en la política maya, como lo fue en los márgenes de su mundo, pero es importante para los historiadores. La razón de ello es la cultura y el arte que sus ciudadanos dejaron atrás. Palenque contaba con algunas de las mejores obras arquitectónicas de la civilización maya media, con elegantes templos y, para esa época, inventivas técnicas de bóveda. Sus artesanos eran maestros del retrato en estuco y los reyes de Palenque dejaron largos textos sobre su gobierno. Y en esas inscripciones no sólo escriben sobre las sucesiones dinásticas y las guerras, sino también sobre su mitología. Por eso, contienen los ejemplos más vívidos de cómo los reyes mayas utilizaron las leyendas, la historia y las creencias religiosas para apoyar su estatus y poder. Así que, aunque la ciudad de Palenque era más pequeña, políticamente más débil y menos significativa, culturalmente era al menos igual, si no superior, a Calakmul y Tikal.

El Palacio de Palenque con el acueducto a la derecha. Fuente: https://commons.wikimedia.org

Eso, por supuesto, no significa que otras ciudades y estados mayas estuvieran culturalmente subdesarrolladas. El período entre aproximadamente 600 y 800 d. C., fue la edad de oro maya que dio lugar a muchos logros tecnológicos y artísticos; se construyeron muchas grandes ciudades y la población floreció. Y esos logros son evidentes en todos los estados mayas, especialmente en los más ricos. Sin embargo, a medida que el siglo IX llegaba a su fin, las principales políticas comenzaron a colapsar. Como hemos visto en los ejemplos de Palenque y Copán, sus anteriores vasallos se rebelaron contra ellos, desafiando su supremacía. Lo mismo sucedió con Tikal y

Calakmul también, y grandes reinos de los mayas clásicos comenzaron a fragmentarse en políticas más pequeñas. Fueron los primeros signos de que los días de gloria de los mayas estaban pasando. Una razón para el declive fue que las dinastías centrales se estaban debilitando, mientras que las élites locales se estaban fortaleciendo, lo que podría haber sido causado por las casi constantes guerras que duraron dos siglos. La guerra ciertamente agotó la riqueza y el poderío de las dinastías, haciéndolas cada vez más dependientes de sus élites subordinadas, mientras que las propias élites a veces ganaban mucho con la lucha.

Pero la caída de los estados mayas clásicos no terminó con la simple pérdida de sus territorios y antiguos vasallos. Para mediados del siglo X, la mayoría de ellos se habían derrumbado completamente, dejando de ser centros de poder. Algunas de las ciudades fueron totalmente abandonadas, mientras que otras retrocedieron hasta convertirse en pequeñas aldeas con solo una pequeña población agrícola. Durante mucho tiempo los historiadores no estaban seguros de cómo y por qué se derrumbó la civilización maya clásica, argumentando que pudo haber sido provocada por sequías, superpoblación, guerras y levantamientos o invasiones extranjeras. Hoy en día parece que la causa fue en realidad todos esos juntos. La agitación política y la lucha minaron el comercio y las dinastías perdieron su poder, mientras que la superpoblación de la región central combinada con las sequías y el uso excesivo del suelo provocó la escasez de alimentos. Y una por una, las ciudades del sur de las Tierras Bajas fueron abandonadas. Como ya se mencionó, la región de Petexbatún fue abandonada por el 800, y en otras ciudades, el último monumento inscrito se toma como la época en que cayeron, ya que es una clara señal de su pérdida de poder y riqueza. Estos monumentos están fechados en el 799 en Palenque, 810 en Calakmul, 820 en Naranjo y en Copán, 822 d. C. Caracol y Tikal duraron un poco más, ya que sus últimos monumentos están fechados en el 849 y 869 d. C., respectivamente. Con su caída, terminó la edad de oro y el llamado período maya clásico tardío.

Capítulo 4 - De la edad de oro a la edad del desastre

La caída de las ciudades del sur de las Tierras Bajas, que eran las más avanzadas de la patria maya, parecía indicar que su civilización también estaba desapareciendo. Sin embargo, ese no era el caso. Su colapso solo significó que los centros de poder se trasladaron a las Tierras Bajas del norte, o para ser más precisos, a la península de Yucatán. En esa zona había muchas ciudades mayas antiguas, algunas de las cuales databan de finales del preclásico, que se beneficiaron de la caída de los centros de comercio del sur de las Tierras Bajas. Estas ciudades aprovecharon rápidamente la oportunidad, convirtiéndose en un factor importante en las conexiones comerciales entre el centro de México y Centroamérica. Como esas ciudades continuaron las tradiciones de la civilización clásica maya, que claramente estaba en declive, los historiadores se refieren a este nuevo período como la era clásica terminal. Otra razón para ese nombre es que, durante este período, la cultura clásica de la civilización maya experimentó un cambio, y para mediados del siglo X había evolucionado hacia una nueva cultura más pan-mesoamericana. El mejor ejemplo de toda esta época y de los cambios que se produjeron durante ella no es otro que probablemente la ciudad maya más famosa hoy en día, Chichén Itzá.

La ciudad de Chichén Itzá se ubicaba en el árido norte de la península de Yucatán, cerca de dos grandes sumideros o cenotes de piedra caliza, lo que explica la traducción de su nombre "los pozos del Itzá". Su ascenso a la prominencia comenzó durante el período clásico tardío gracias al comercio, ya que la zona no era tan fértil como las Tierras Bajas del sur. Chichén Itzá, como muchos otros estados mayas de Yucatán, utilizaba el comercio de tipo marítimo que recorría la península como base de su economía. Por supuesto, ese comercio marítimo existió por mucho tiempo antes del período clásico terminal, pero con la agitación política y la desaparición de las rutas comerciales en el sur de las Tierras Bajas, ganó en importancia. Otro factor importante que ayudó a la expansión de este tipo de comercio fue el surgimiento de nuevas potencias en el centro de México, que se había producido después de la caída de Teotihuacán. En la época del Terminal, esta ruta conectaba la costa del Golfo de

México, que ofrecía ceniza volcánica, obsidiana y jade, con Costa Rica y Panamá, que eran ricos en cobre, plata y oro. En medio, los mayas del norte ofrecían pescado, algodón, cuerda de cáñamo y miel. Pero la mercancía más importante de Yucatán era la sal de alta calidad, que casualmente era el principal recurso comercializado por Chichén Itzá. Esta ciudad exportaba anualmente entre 3,000 y 5,000 toneladas métricas de ella. Pero lo que es más impresionante es el hecho de que Chichén Itzá está muy lejos de la costa. Para participar en el comercio los gobernantes de esta ciudad construyeron y fortificaron un puerto que se encuentra a 120km (74mi) de su capital. Y para proteger el transporte de mercancías, establecieron centros secundarios cada 20km (12mi) a lo largo de la ruta que conectaba a Chichén Itzá con su puerto.

Ese ambicioso proyecto permitió a esta ciudad conectarse con muchas ciudades no mayas a través de sus alianzas comerciales. Además de las ganancias materiales, esto permitió a Chichén Itzá interactuar culturalmente con otras civilizaciones mesoamericanas. A partir de esa conexión, los mayas del norte incorporaron a su arte algunos aspectos del simbolismo y los motivos panamericanos. Lo combinaron con las tradiciones artísticas, la arquitectura y los rituales del período clásico, que también exportaron a otras partes de Mesoamérica, principalmente a sus socios comerciales más importantes en el centro de México. A partir de esa mezcla, se desarrolló un estilo pan-mesoamericano que era tan "global" como el maya. Esta naturaleza cosmopolita de Chichén Itzá ciertamente facilitó el comercio y el entendimiento con los extranjeros, explicando cómo una ciudad con una población de "solo" 50 mil habitantes lograron convertirse en el centro de una red comercial que cubría casi toda Mesoamérica. Pero el cambio en los estilos de arte no fue el cambio más importante de la civilización maya en ese momento. El mayor cambio fue en el culto al gobernante, que comenzó a perder su fuerza. Poco a poco las escenas en los monumentos comenzaron a representar grupos de personas en rituales y procesiones, en lugar de la representación de un solo gobernante que era común en la época clásica. Los nuevos edificios administrativos erigidos en esta época podían acoger a grandes grupos de personas, mientras que los campos de juego de pelota adquirieron mayor importancia, simbolizando también el paso a una sociedad más pluralista. Con la culminación de estos cambios, alrededor del año 950 d. C., llegó el final del período clásico terminal, y la civilización maya media, dando lugar a la era posclásica.

*Templo de los Guerreros en Chichén Itzá. Fuente: **https://commons.wikimedia.org***

Aunque el culto al gobernante se estaba debilitando, y la economía y el comercio eran la base del poder de Chichén Itzá, el estado también se expandió a través de la guerra y la conquista de sus vecinos más débiles. Sin embargo, a diferencia del período clásico, esas victorias fueron aseguradas por el nuevo sistema político flexible que surgió en la era posclásica. Evidente de la construcción de casas consistoriales, llamadas Popol Nah en maya, usadas tanto para actividades comerciales como políticas, el gobierno del estado de Chichén Itzá no estaba solamente en manos del rey. Es más probable que lo compartiera con el consejo de los señores de la élite, tanto de la capital como, en cierta medida, de otras localidades. Y parece que con el paso del tiempo la influencia del consejo creció a medida que se desvanecía el gobernante. Aunque pueda parecer contrario a la intuición que la descentralización del poder ayudaría a la estabilidad del estado, en realidad era crucial. En primer lugar, el nuevo sistema disoció a los gobernantes de Chichén Itzá de las dinastías fracasadas de la era clásica. En segundo lugar, disminuyó la agitación política que normalmente venía con los cambios en el trono, mientras que al mismo tiempo disminuía la dependencia del estado en las capacidades individuales del rey. Como el gobernante compartía la responsabilidad de la toma de decisiones con los señores, sus capacidades colectivas podían "llenar los huecos" que su líder pudiera tener. Por último, muchos de los señores y sus familias procedentes de las ciudades conquistadas, además de ser asesores políticos, eran efectivamente rehenes, lo que impedía que sus ciudades de origen se rebelaran con demasiada frecuencia.

Pero la estabilidad del nuevo sistema de gobierno no fue suficiente para asegurar la supervivencia de Chichén Itzá por mucho tiempo en la era posclásica. A mediados del siglo XI d. C., el poder y la influencia de este estado comenzó a declinar, y alrededor del año 1100 d. C., sufrió la destrucción causada por la guerra que marcó el fin de Chichén Itzá. El sitio no fue abandonado completamente, pero cualquier tipo de fuerza política desapareció. Los historiadores de hoy no están exactamente seguros de lo que causó la decadencia y caída de Chichén Itzá, ya que la evidencia es escasa. La pérdida militar fue sólo una parte de ella, ya que probablemente fue causada por una economía ya debilitada y el poderío disminuido de esta ciudad. Actualmente, la teoría más probable es que la caída fue provocada por causas similares que llevaron a la caída de los estados del clásico tardío, las sequías y la interrupción del comercio. Y como antes, no se limitó a una sola o pocas de las ciudades, sino que fue un tema que impactó a todo el mundo maya, así como a otras partes de Mesoamérica. La interrupción causada por estos factores, a diferencia de antes, dejó a la civilización maya sin un poder dominante durante aproximadamente un siglo, lo que indica que los problemas eran demasiado graves para que los mayas los superaran con la misma facilidad que cuando estaban saliendo de su edad de oro. Cuando la nueva crisis golpeó a los mayas, su poderío y riqueza eran considerablemente menores que en la época del clásico tardío. Sin embargo, esto no significa que la civilización maya se derrumbara completamente: fue otro paréntesis.

Cuando la pausa terminó alrededor del 1200 d. C., los mayas entraron en el Posclásico Tardío que marcó un cambio completo de las características de la civilización maya media. El cambio más notable fue el desarrollo del sistema de gobierno de Chichén Itzá que se conoció como "multe pal"; traducido aproximadamente del maya yucateco significa "gobierno conjunto". Este tipo de gobierno se basaba en varias élites que no eran parte de la familia real para desempeñar papeles más activos y reconocidos en el estado, mientras que la tradición del culto a los gobernantes estaba casi perdida. Ese cambio fue seguido por la descentralización del estado que se vio en la falta de grandes centros urbanos. Las ciudades eran considerablemente más pequeñas, pero mucho mejor fortificadas. Y en ese período, fueron construidas generalmente en las cimas de las colinas en lugar de los valles. Otro cambio en la sociedad fue que los mayas se orientaron más hacia el emprendimiento y las ganancias en lugar de las demostraciones de poder real. La riqueza ahora se invertía mucho menos en grandes proyectos públicos, y parece que casi todos los ciudadanos estaban involucrados directa o indirectamente en el comercio. Con la difusión mucho más amplia de los beneficios obtenidos a través del comercio, la distinción social entre las clases se hizo menos prominente.

En las tierras bajas del norte, en la península de Yucatán, el mejor y probablemente el único ejemplo de este cambio es la ciudad y el estado de Mayapan. La ciudad fue fundada alrededor del año 1185 d. C., aproximadamente a 100km (62mi) al oeste de Chichén Itzá, cuyo estilo arquitectónico trató de imitar, pero en una escala mucho menor. Cubriendo un área de sólo unos 4.2km^2 (1.6mi^2) y con una población de 15 a 20 mil habitantes, era considerablemente más pequeña que su modelo a seguir, sin mencionar que los centros del clásico tardío eran 10 a 12 veces más grandes que ella. Esto muestra claramente lo drástico que fue el declive del poder de los estados mayas. Pero en contraste con sus gigantescos predecesores, Mayapan estaba mucho mejor fortificada, con muros que la rodeaban y cuatro puertas de entrada que fueron cuidadosamente planeadas para ofrecer la mejor protección posible contra los ataques enemigos. La copia de Chichén Itzá, así como de algunas otras antiguas potencias mayas, no sólo fue de menor escala, sino que se construyeron edificios con una artesanía inferior, lo que también indicó la caída de la civilización maya, especialmente si se considera el hecho de que la Mayapán fue sin duda la ciudad más rica y poderosa del posclásico tardío.

El poder de Mayapán vino del comercio de la sal, similar al de Chichén Itzá, a pesar de que Mayapán estaba a 40km (25mi) de la costa. Otro recurso importante era la rara arcilla que cuando se mezclaba con el índigo hacía el tan deseado "azul maya", que incluso se exportaba a los aztecas del centro de México. Pero la conexión con esa parte de Mesoamérica iba más allá del simple comercio. Muchas casas señoriales gobernaban en Mayapán en un sistema de gobierno multimodal completamente desarrollado en el que los miembros de cada casa tomaban parte tanto en los oficios civiles como en los religiosos. Una de las casas conocida como la Cocom era originaria de Chichén Itzá y usaba mercenarios de la región azteca para obtener el control de la ciudad y el estado de la casa fundadora original de Xiu. Ese cambio en el balance de las familias de señores ocurrió en las últimas décadas del siglo 13 d. C. y podría explicar por qué los posteriores gobernantes de Mayapan trataron de copiar el estilo de Chichén Itzá. La casa Cocom no se detuvo ahí y, en un movimiento para asegurar su supremacía en los asuntos de estado, expulsaron a gran parte de la familia Xiu derrotada alrededor del 1400 d. C. Esa acción es lo que eventualmente llevó a la caída del estado de Mayapán.

El territorio de Mayapán estaba dividido en provincias que estaban organizadas en un estado que era más parecido a una confederación que a una verdadera monarquía. La centralización del estado maya se aseguró con el hecho de que los líderes de cada provincia vivían en la capital, lo que facilitaba a los gobernantes vigilarlos de cerca y evitar que se rebelaran. Pero cuando los Cocom exiliaron a los Xiu en lugar de debilitarlos, los dejaron en gran medida sin control. Amargados e impulsados por la venganza, los miembros de la casa desterrada organizaron una revuelta en 1441 d. C. La ciudad de Mayapán fue saqueada y destruida, mientras que casi todos los miembros de la dinastía Cocom fueron brutalmente asesinados. Poco después la ciudad fue abandonada y el último estado centralizado de los mayas del norte había caído. Su territorio se fragmentó en unos 16 pequeños reinos, que probablemente correspondían en cierta medida a antiguas provincias, gobernadas por otras casas de élite que sobrevivieron. A medida que la rivalidad entre ellos continuaba, se encerraron en un ciclo de constantes luchas internas. Para mediados del siglo XV d. C. todo el poderío económico e influencia política de los mayas del norte había desaparecido, y las capitales de los pequeños reinos eran solo una pálida comparación incluso con Mayapán, sin mencionar las ciudades de la edad de oro.

*Vista panorámica de Mayapán. Fuente: **https://commons.wikimedia.org***

Pero a diferencia de la época clásica, cuando las Tierras Bajas eran la única región influyente, durante el posclásico tardío de la civilización maya, las Tierras Altas se las arreglaron una vez más para crecer lo suficientemente fuertes como para competir con sus hermanos del norte. Ese poder vino de la formación de la Confederación Quiché (o alternativamente conocida como K'iche), que se convirtió en un factor importante a finales del siglo XIV y principios del XV bajo el gobierno del rey K'ucumatz ("Serpiente Emplumada") que logró tomar el control de las tierras altas de Guatemala central a través de una serie de guerras y conquistas. Sus sucesores continuaron expandiendo su reino, que se extendió desde el actual El Salvador hasta el sudeste de México, incluyendo la región de la costa del Pacífico, que para entonces ya se había recuperado de la erupción volcánica que puso fin al período preclásico. Fue uno de los estados mayas más grandes de la historia, cubriendo un área de unos 67.500km^2 (26.000mi^2) con una población estimada de alrededor de un millón de mayas. Ese enorme reino estaba, al igual que Mayapán, gobernado por el sistema multe pal, lo que fue una de las razones por las que logró crecer exponencialmente. Pero probablemente también fue la razón por la que el estado de Quiché se desintegró bastante rápido, a finales del siglo XV.

La causa de la fragmentación del reino de Quiché fue la rebelión de una de las casas de élite del estado alrededor del año 1475 d. C. El éxito de esa revuelta hizo que otros aliados y señores se levantaran también, y para principios del siglo XVI, los Altos ya no estaban unidos. Para cuando llegaron los españoles, el Quiché ya no estaba en su apogeo, pero los europeos quedaron impresionados por la capital de Utatlán. Era un centro urbano algo pequeño ubicado en una de las cumbres de las tierras altas de Guatemala con una población de unos 15 mil habitantes. La pesada fortificación de la ciudad, que en cierto modo se asemejaba a las ciudadelas de la Europa medieval, fue lo que más impresionó a los conquistadores. De sus registros, está claro que los españoles vieron la capital de Quiché como una amenaza debido a la fortificación, que la única opción que tenían era destruirla, lo que finalmente hicieron. Sin embargo, no importa cuán impresionante fuera la fortaleza de Utatlán, para los historiadores de hoy en día el aspecto más importante de este asentamiento fue su papel en la cultura y la civilización de los mayas, así como nuestro actual entendimiento de su civilización.

Una de las características del Quiché fue que actuaron como centro cultural del posclásico tardío de la civilización maya. Su capital, la ciudad de Utatlán, fue también el principal centro de aprendizaje, de escritura de libros religiosos y de historias marcadas con las llamadas fechas del calendario maya. Uno de esos libros es el famoso Popol Vuh, que es una de las principales fuentes de la mitología maya actual. Fue escrito a mediados del siglo XVI, pero se basaba en una larga tradición oral de los mayas. Desafortunadamente, otros libros del Quiché fueron en su mayoría destruidos por los españoles que los vieron como satánicos debido a la escritura jeroglífica en ellos. Además de los registros escritos, la fuerza cultural y el desarrollo de Utatlán se muestran claramente en las obras públicas que no eran algo que se pudiera ver comúnmente en las ciudades mayas del norte. El sitio contiene cuatro templos impresionantemente decorados, un campo de juego de pelota, e incluso una pequeña pirámide de sólo 18m (60 pies) de altura. Uno de los detalles más interesantes de estos edificios detectados por los historiadores hoy en día son los claros signos de influencia del estilo de arte del centro de México y de la civilización azteca.

Considerando que a finales del siglo XV y principios del XVI los aztecas eran la nación más poderosa e influyente de Mesoamérica, la influencia azteca en el estilo maya no debería ser una gran sorpresa. Especialmente considerando lo débil que se había vuelto la civilización maya en ese período. Su estilo de arte, moda y arquitectura influenciaron a todos los mayas, desde la costa del Pacífico hasta las tierras bajas. Utilizaron el estilo azteca para representar sus propios temas tradicionales mayas, mientras que algunas ciudades incluso trataron de imitar las características arquitectónicas de la capital azteca. Pero su influencia fue aún más allá de eso. La supremacía azteca en el poder cultural y económico hizo del náhuatl, la lengua azteca, la lengua franca de la región mesoamericana. Era seguramente la principal lengua hablada entre los comerciantes y en los puertos, como lo atestiguan los españoles. Pero algunos de los nobles mayas aprendieron el náhuatl, tanto por su prestigio como por su uso en la diplomacia. En ciertas áreas, el imperio azteca no se contentaba con comerciar con los locales. Por ejemplo, en 1500 d. C., explotaron la agitación del reino Quiché y atacaron las fronteras occidentales ricas en cacaos. El resultado de esos ataques fue el tributo que el Quiché comenzó a pagar al poderoso imperio azteca. Parece que también se preparaban para hacer algo similar en Yucatán, pero la llegada de los españoles frustró sus planes.

No pasó mucho tiempo antes de que los aztecas se dieran cuenta de que los europeos representaban una seria amenaza para toda Mesoamérica, y su famoso emperador Moctezuma (o Moctezuma) instó a los mayas a unirse contra los nuevos conquistadores del otro lado del océano. Parece que los quichés estaban listos para seguir ese consejo, pero antes de que se pudieran dar pasos definitivos, el imperio azteca había caído. Al desaparecer el único poder político capaz de unir a los fragmentados estados mayas contra los españoles, cualquier posibilidad de un frente unido había desaparecido. La primera región que se convirtió en objetivo de los europeos fueron las Tierras Altas en 1524 d. C. A pesar de las súplicas del Quiché a otros estados de la región para que unieran sus fuerzas contra los conquistadores; otros estados mayas estaban más interesados en derrotar a los enemigos tradicionales que en luchar contra una nueva amenaza. Con la ayuda de los mayas locales, el estado de Quiché cayó rápidamente. Pronto los otros estados mayas se dieron cuenta de que tanto los aztecas como el Quiché tenían razón, los españoles eran la mayor amenaza para todos ellos. Pero era demasiado tarde y para 1530 d. C., el altiplano y la costa del Pacífico estaban bajo la bandera española.

No está claro si los mayas de Yucatán aprendieron de los errores de sus hermanos de las tierras altas, o si fue sólo sentido común, pero cuando los conquistadores llegaron por primera vez a su territorio en 1527 d. C., lucharon de forma más coordinada y unida contra los invasores, haciéndolos retroceder a pesar de haber perdido algunas batallas. Los españoles regresaron en 1530, pero después de un éxito inicial, los mayas fueron capaces de organizar de nuevo un frente unificado contra ellos y en 1535 d. C., Yucatán fue una vez más libre de los europeos. Desafortunadamente para los mayas, cuando los españoles regresaron en 1541, sus dos familias reales más grandes, la Xiu y la Cocom, estaban de nuevo en guerra entre sí. Sin la capacidad de actuar juntos una vez más para frustrar otra invasión de conquistadores, los mayas fueron rápidamente derrotados. El último intento organizado de resistencia ocurrió en 1546 cuando la mayoría de los mayas de Yucatán se rebelaron, pero al final, su resistencia fue inútil. Los españoles conquistaron casi por completo la patria maya. Algunos de los mayas declararon huir de sus ciudades a las zonas más remotas, creando pequeños enclaves donde siguieron viviendo de forma tradicional. Pero incluso esos cayeron bajo el dominio colonial uno por uno. Con la caída de Tah Itzá (Tayasal), una ciudad situada en el norte de Guatemala, en 1697 d. C., la civilización maya precolombina llegó finalmente a su fin.

La conquista española de la región maya fue en todos los sentidos un evento desastroso para los mayas. El resultado más trágico de este evento fue la muerte de hasta el 90% de toda la población maya. Esto fue causado en parte por la guerra y la esclavitud, pero la mayoría de los mayas cayeron como víctimas de enfermedades traídas por los europeos. Los historiadores de hoy ven en ello una de las principales razones de la fácil derrota de los mayas y los aztecas, ya que las enfermedades debilitaron a los mesoamericanos. Sin embargo, el desastre para los mayas no terminó ahí. Los misioneros católicos españoles vieron la cultura y la religión maya como pagana y malvada, por lo que trataron de "salvarlos" obligándolos a convertirse, quemando sus libros y destruyendo sus monumentos. Las graves consecuencias de estas acciones condujeron a una masiva dislocación cultural que incluso llevó a algunos de los mayas a negarse a tener hijos. Este brutal, casi apocalíptico final de la civilización maya causó que se perdiera y se olvidara por mucho tiempo, pero a pesar de esto, los mayas han perdurado hasta el día de hoy.

Capítulo 5 - El gobierno y la sociedad maya

Como se ha mostrado en capítulos anteriores, los mayas nunca fueron capaces de unir toda su etnia en un único imperio unificado, permaneciendo dispersos en muchos estados más grandes y más pequeños. Sin embargo, a través de la ideología y las creencias, la religión y la cultura, siguieron siendo un grupo relativamente homogéneo. La comparación más cercana del "viejo mundo" sería la de los antiguos griegos, que sufrieron un destino similar. A pesar de ello, los mayas sufrieron durante mucho tiempo la estrechez de miras y los prejuicios por parte de los historiadores que simplemente no podían creer que los "salvajes", como los conquistadores veían a los mayas, pudieran haber creado una civilización que pudiera rivalizar con los "antepasados de la civilización occidental", o incluso compararse con ellos. Por esa razón, durante gran parte del siglo XX los historiadores creían que los mayas nunca lograron formar gobiernos más complejos. La teoría dominante de la época era que el mundo maya seguía dividido en pequeños cacicazgos, con una simple sociedad de dos clases. Pero a medida que se reunían más pruebas, los historiadores se dieron cuenta de que estaban equivocados.

A medida que los arqueólogos inspeccionaron más sitios mayas encontraron los proyectos públicos, desde canales de irrigación hasta grandes palacios. Luego, el mapeo más detallado de algunos sitios más grandes mostró a los investigadores que el sitio estaba más densamente poblado. Finalmente, cuando el texto maya fue descifrado, mostrando la compleja jerarquía entre las ciudades, se hizo evidente más allá de toda duda que a finales del período preclásico tardío la sociedad y la política mayas se volvieron tan complejas que se habían desarrollado en estados preindustriales. Esa misma evidencia también desacreditó otro concepto erróneo acerca de los sitios mayas, que durante mucho tiempo fueron vistos sólo como centros ceremoniales y de mercado de los cacicazgos. Los arqueólogos llegaron a esta conclusión ya que sólo comprendían las fechas y la información astronómica que se podía leer en las inscripciones, y también porque la cuadrícula de las calles y la densidad de población no eran tan altas como en las ciudades de la era industrial de Europa. Pero cuando retiraron su atención de los grandes y principalmente intactos templos, encontraron restos de muchos edificios más pequeños cubiertos de vegetación. Después de un cuidadoso examen, quedó claro que más del 80% de ellos eran, de hecho, edificios residenciales. Esto, combinado con textos descifrados que muestran toda la complejidad de la historia maya, hizo que la teoría del centro ceremonial fuera desacreditada. Los asentamientos mayas eran de hecho ciudades, en el verdadero sentido de la palabra, con al menos 20 de ellas con una población superior a 50 mil habitantes durante la edad de oro de la era clásica.

Pero incluso antes de los días de gloria del período clásico tardío, durante los últimos siglos de la era preclásica, los mayas lograron evolucionar de simples cacicazgos a estados. La característica principal de los cacicazgos fue una división más simple de la población en dos clases; las elites y los plebeyos, con un gobernante chamán por encima de todos los demás. Sin embargo, a medida que su poder se expandió, también lo hizo el área que los cacicazgos gobernaban, creando una jerarquía de tres niveles de asentamientos en esas grandes políticas. Con eso, la sociedad maya comenzó lentamente a crear una nueva clase media. Esto, combinado con la creciente fuerza del culto a los gobernantes, fue suficiente para que los historiadores afirmaran que las políticas mayas del preclásico tardío se han convertido en estados arcaicos tempranos. El aumento de la complejidad de la sociedad maya continuó en períodos posteriores, alcanzando sus límites en la era del clásico tardío, donde los estados lograron desarrollar una jerarquía de cinco niveles de los asentamientos. En la parte superior estaba, por supuesto, la capital, seguida de los centros secundarios, luego vinieron los pueblos más pequeños, y al final de los niveles estaban los pueblos y aldeas. Y algunos de esos sitios más pequeños comenzaron a especializarse en ciertos campos como el comercio, la extracción de piedra o la artesanía. Ambos se reflejaron en la estructura social de la sociedad maya, que para entonces ya se había estratificado tanto vertical como horizontalmente.

Pintura de un escriba maya. Fuente: https://commons.wikimedia.org

Encima de esa estructura social estaba sin duda el rey, pero el tema del culto al gobernante vendrá más adelante en este capítulo, ya que es un tema complejo que merece mucho más que unas pocas frases. Debajo del monarca estaba la élite, que representaba aproximadamente una décima parte de toda la población. La posición en esta clase estaba representada tanto por la riqueza como por el linaje, y no era fácil para los no nobles ascender en la escala social hasta esta casta. A los nobles a veces se les llamaba "itz'at winik", que a grandes rasgos se traduce como "gente sabia", lo que probablemente se refería a su mejor educación y alfabetización. La mayoría de esta clase ocupaba posiciones importantes en la sociedad como sacerdotes superiores, supervisores de los centros secundarios, escribas y en algunos casos incluso artistas. Abajo, la élite era la clase media, que no era un grupo homogéneo apretado como se pensaba anteriormente. Esta clase tenía varios niveles de importancia social y riqueza. Estaba constituida por sacerdotes de bajo nivel y funcionarios del gobierno, soldados profesionales, comerciantes y artesanos. Pero es bastante importante notar que la línea entre estas dos clases es a menudo borrosa. Algunas de las élites eran también comerciantes y guerreros, mientras que en algunos casos los miembros de la clase media lograban convertirse en oficiales de alto nivel. Y en algunos casos, ciertos miembros de la clase media eran tan ricos como la élite, mientras que también había ejemplos de miembros de la élite empobrecida. Más que la ocupación y la riqueza, la principal diferencia entre estas clases parece ser la familia y el linaje del individuo, que era importante para los mayas.

Debajo de estos dos subconjuntos estaban los plebeyos, que, a diferencia de otras dos clases, rara vez se mostraban en el arte y nunca se mencionaban en los textos. Sin embargo, eran la enorme mayoría que era la base de toda la sociedad maya. La mayoría de ellos eran agricultores, obreros, artesanos no calificados y sirvientes. Vivían en aldeas y en las afueras de las ciudades, en relativa pobreza cuando se les compara con las clases más altas. Pero cuando los arqueólogos excavaron un pueblo que estaba cubierto por una erupción volcánica alrededor del año 600 d. C., descubrieron que incluso los plebeyos tenían una vida decente. Los investigadores incluso señalaron que las condiciones de vida allí eran incluso mejores que las de los trabajadores salvadoreños del siglo XX que ayudaron en la excavación del sitio. Los agricultores, que eran la columna vertebral de la sociedad, solían trabajar en sus propias tierras o en las de su familia, pero algunos de los agricultores sin tierra trabajaban en fincas de los nobles, que se heredaban con la tierra. La clase más baja de la sociedad maya eran los esclavos, que en realidad no eran tan numerosos. La mayoría de ellos eran plebeyos capturados en la guerra, ya que los nobles capturados a menudo eran sacrificados, y la élite los utilizaba como mano de obra. En algunos casos, los ladrones también eran esclavizados para poder devolver lo que robaban. Es interesante que, a diferencia de la mayoría de las otras sociedades del mundo, los mayas no consideraban a los hijos de los esclavos como esclavos también. A esos niños se les daba la oportunidad de vivir sus vidas de acuerdo a sus habilidades y no se les hacía pagar el precio de los "errores" de sus padres.

La estructura social comenzó a cambiar con la transición de la civilización clásica tardía a la civilización maya posclásica. Con el desarrollo del sistema multipolar los gobernantes comenzaron a perder poder, y los nobles pudieron incluso en algunos casos rivalizar con la dinastía real. El aplanamiento de la jerarquía social vertical fue más abajo, ya que los bienes que antes solo estaban disponibles para la clase elitista, como las conchas, la obsidiana y la cerámica, se distribuyeron más ampliamente y fueron accesibles incluso para los plebeyos. La distinción y la diferencia de riqueza entre estas clases se redujo; en algunos casos, incluso se podría afirmar que la clase media había desaparecido. Esto podría haber sucedido si la única división entre la élite y la no élite fuera el linaje y el conocimiento de los rituales religiosos. Pero al mismo tiempo, parecería que la estructura social horizontal creció. Con el surgimiento del sistema multipolar, el aparato burocrático creció tanto en tamaño como en complejidad, haciendo que los funcionarios del gobierno fueran más numerosos que nunca, con rangos jerárquicos más intrincados. Por supuesto, los rangos más altos e importantes estaban reservados a los miembros de la élite, y eran generalmente hereditarios, mientras que los rangos más bajos estaban abiertos a los plebeyos que eran nombrados sólo por un período de tiempo.

Después de que se hizo abundantemente claro que los mayas habían desarrollado estados y que su sociedad era más intrincada de lo que se pensaba antes, el siguiente tema de debate entre los historiadores fue sobre la naturaleza de esos estados. Una teoría es que las políticas mayas eran, de hecho, ciudades-estado que sólo controlaban sus áreas circundantes más cercanas, hasta 20 km (12,5 millas) a su alrededor. Esto se basa en una aproximación de la distancia que podían recorrer los mayas en un día a pie, lo que limitaba la comunicación, el transporte y el control eficiente de la capital. Y de acuerdo con esta teoría, no importa cuán grande fuera la capital, no podría gobernar suficientemente el área más allá de eso. Contrariamente a esto, existe una teoría del llamado estado regional, que sostiene que las capitales mayas lograron extender su límite de control a través de centros secundarios, los cuales estarían lo suficientemente cerca como para ser controlados desde la capital. Así, los centros secundarios extenderían a su vez el alcance de la capital en al menos otros 20 km, o incluso más si añadimos a ello un centro secundario, lo que ampliaría aún más ese control a otra ciudad secundaria o terciaria. Esta teoría encaja sorprendentemente bien con la distancia entre los centros secundarios de Chichén Itzá que guardaban el camino a su puerto. Sin embargo, cuando se considera todo, ambas teorías no están exactamente de acuerdo con los actuales hallazgos arqueológicos.

El problema es que esas dos teorías son polos opuestos. La mejor ilustración de las diferencias entre esas dos ideas es el tema de los estados del clásico tardío, alrededor del año 790 d. C. 60 sitios cumplían con los criterios de la teoría ciudad-estado. Sin embargo, si se aplica la teoría de los estados regionales, solo había ocho. El problema es que la evidencia muestra que había conexiones e interacciones significativas entre los estados, apoyando el modelo de estado regional. Pero al mismo tiempo, la guerra, la inestabilidad política y los enfrentamientos entre las ciudades que supuestamente estaban controladas por una de las capitales apoyan el concepto de ciudad-estado. Así que, en un intento por salvar de alguna manera la brecha entre dos teorías opuestas, los historiadores crearon la llamada teoría de los "superestados". Según esta teoría, en ciertos casos, el poder de un solo estado maya crecía tanto que lograba crear un dominio sobre un gran territorio, pero en lugar de gobernarlo directamente, esas formaciones políticas eran más bien una confederación vasalla en la que estados autónomos más pequeños pagaban tributos a la capital.

La conquista militar o la simple amenaza no obligó en todos los casos a estos vasallos autónomos. En algunos casos, los estados más pequeños simplemente ganaron prestigio al aliarse con la gran potencia. Por lo tanto, se convirtieron voluntariamente en parte de estos superestados. Los matrimonios dinásticos y las redes de comercio a veces reforzaban las conexiones entre los estados. Por supuesto, en algunos casos, las superpotencias conquistaron estados más débiles e instalaron gobernantes leales a ellos. Y estos superestados confederados existieron siempre y cuando los estados centrales fueran lo suficientemente poderosos para mantenerlos. A la primera señal de debilidad, comenzarían a desmoronarse. Pero también, tan pronto como el poder de los estados centrales fuera reestablecido, el superestado se construiría rápidamente. Esta teoría todavía está siendo desarrollada, pero parece ser la mejor explicación de la política del clásico tardío de Tikal y Calakmul. Puede reconciliar el hecho de que la influencia y el control de esas superpotencias mayas clásicas era de gran alcance, mientras que al mismo tiempo la patria maya parecía estar cubierta de ciudades-estado independientes. Otro punto a favor de esta teoría es que parece ser un tipo de gobierno típico mesoamericano, ya que también se asemeja a la forma en que funcionaba el imperio azteca. Y la única razón por la que los historiadores aún no han elevado a Calakmul y Tikal al rango de imperios es el hecho de que su alcance nunca se extendió fuera de la región maya.

A pesar de la incertidumbre sobre el tamaño y la naturaleza exacta de los estados mayas, los historiadores están seguros de una cosa. Los monarcas gobernaban los estados mayas. Esto ha sido así desde las primeras épocas de la civilización maya, cuando los primeros gobernantes individuales se volvieron lo suficientemente poderosos como para dejar monumentos e inscripciones. En aquellos primeros tiempos, esos monarcas usaban el título "ajaw", que hoy en día traducimos como rey o señor. Durante la civilización maya media, para enfatizar su mayor fuerza y posición en la jerarquía social de la sociedad, los gobernantes mayas comenzaron a llamarse a sí mismos "k'uhul ajaw", que es aproximadamente equivalente a como divino o santo señor/rey. Para algunos gobernantes de Tikal eso por sí solo no era suficiente, por lo que también usaban "kaloomte'", un título que hoy en día se traduce como rey supremo, pero este título no estaba tan extendido. Curiosamente, los gobernantes que fueron subyugados por sus vecinos más poderosos seguían usando el mismo título, k'uhul ajaw, pero también añadían que eran "yajaw", o señor vasallo, de algún otro rey. Pero sin importar el título que usara un gobernante, una cosa permaneció igual a lo largo de casi toda la historia de la civilización maya. La base del control del monarca sobre la población subordinada se fundamentaba en su supremacía económica y en su importancia religiosa.

Estelas del XIII Ajaw de la dinastía Copán. Fuente: https://commons.wikimedia.org

La autoridad religiosa de los gobernantes mayas tiene su raíz en la era de los cacicazgos, donde los jefes también eran chamanes, capaces de comunicarse con los antepasados deificados y de mediar con los dioses. Pero cuando la sociedad se volvió más compleja, y el poder de los gobernantes aumentó, los reyes comenzaron a afirmar que eran descendientes directos de los dioses, similares a los faraones del antiguo Egipto. Así, se creó el culto de los gobernantes, en el que los reyes mismos eran venerados como divinos. Esto fue evidente a partir del título de k'uhul ajaw. Con la autoridad religiosa detrás de ellos, se volvieron importantes para llevar a cabo ciertos rituales y ceremonias religiosas que se hacían en beneficio de todo el estado. Pero el poder teocrático por sí solo no era suficiente para cimentar su supremacía en la sociedad. Las dinastías reales también eran las más ricas, y su poder se basaba en el control de recursos importantes. A veces era el agua o la comida, en otros casos tal vez la obsidiana u otros bienes de exportación valiosos. A través del control de esos recursos, los gobernantes ganaban suficiente riqueza para recompensar a los que eran obedientes y también para pagar grandes obras públicas y otras exhibiciones de poder y prosperidad. Pero al mismo tiempo, los gobernantes organizaban fiestas de estado a través de las cuales demostraban su capacidad de proveer a toda la población, no sólo a los Reales. Por supuesto, ese tipo de gasto junto con la supremacía económica se mantenía más fácilmente ya que casi toda la población, con la posible excepción de la más alta nobleza y los miembros de la familia real, pagaba tributos al gobernante. Aunque la autoridad económica y religiosa creaba una base sólida para el dominio absoluto, también era un arma de doble filo.

Si el gobernante era capaz y tenía un poco de suerte de su lado, su autoridad era incuestionable. Pero si perdía una batalla, si se cortaban las rutas comerciales o incluso si la cosecha no era lo suficientemente buena, se consideraba un mal augurio. Significaba que el rey había perdido el favor de los dioses. Tanto su supremacía religiosa como económica se vieron sacudidas. Ese tipo de desastres podían derribar dinastías y aplastar estados enteros. Cuando consideramos este hecho, se hace más claro por qué después de una sola derrota u otro signo de debilidad muchos vasallos decidieron cambiar de bando o simplemente declarar la independencia. Por eso los mayas a menudo trataban de capturar y sacrificar al rey del enemigo. Era el último signo de debilidad, que en algunos casos asestaba un golpe tan religioso y político a un estado que nunca podía recuperarse completamente. Por otro lado, las reglas largas y exitosas como la de Yuknoom el Grande, significaban que el rey estaba en la buena gracia de los dioses, atrayendo más y más aliados a medida que pasaba el tiempo. Cuando todo esto se tiene en cuenta, parece que la autoridad de los gobernantes mayas dependía únicamente del carisma y las capacidades individuales. Un gobernante tenía que ser un general victorioso, un diplomático exitoso y un líder religioso afortunado. Pero como hemos visto, los mayas se preocupaban mucho por la familia y el linaje. Esto era aún más importante para los ajaws y sus lazos dinásticos.

Las dinastías en el mundo maya, especialmente durante el período clásico, eran extremadamente importantes, ya que eran probablemente lo más importante que conectaba al gobernante con su divinidad. Sin una conexión con un ancestro deificado, los reyes no serían santos. Esa es una de las razones por las que los mayas mantenían registros tan cercanos de sus gobernantes, y siempre tuvieron al gobernante fundador de la ciudad en especial consideración. Esta conexión daba legitimidad a los sucesores. Otra dimensión de la importancia de las dinastías en la sociedad maya proviene de su tradición de adoración a sus antepasados. Y las familias reales representaban a los antepasados más poderosos e importantes. Ir en contra de sus herederos podría molestar a los poderosos antepasados. Sin embargo, los lazos dinásticos no sólo se lograban por nacimiento. También se crearon a través del matrimonio, similar a la Europa medieval. Un estado más pequeño y la dinastía ganaría en prestigio si la novia de un rey vino de un linaje fuerte y respetado. Esto ayudó no sólo en los asuntos exteriores, sino también para fortalecer la autoridad del gobernante en su propio estado. Un buen ejemplo de ello es el ya mencionado matrimonio entre un noble naranjo y la princesa de Dos Pilas. Su linaje elevó a este noble, y a sus herederos, a una familia real.

Aunque esto muestra hasta cierto punto lo importante que es la mujer en la política maya, no era su único medio de poder. Las dinastías mayas eran patrilineales, pero en ciertos casos extremos cuando la línea masculina, de padre a hijo, se rompía también podían convertirse en matrilineales. De esta manera el estado preservaba la familia real y la conexión con el rey fundador a través de la sangre de la reina o de una princesa, que en ese caso se convertiría en el gobernante. Hasta ahora los historiadores han encontrado sólo cinco ejemplos de esto, aunque podría haber más. Entre los ejemplos vemos dos ejemplos diferentes de mujeres gobernantes. Uno fue el ejemplo cuando gobernaron brevemente como regentes de sus hijos, lo cual era algo común en las dinastías de todo el mundo. Uno de ellos fue la anteriormente mencionada princesa que fue a Naranjo, Lady Wac-Chanil-Ahau, también conocida como Lady Six Sky. Aunque probablemente nunca fue coronada, sin duda gobernó esa ciudad a finales del siglo VII y principios del VIII d. C. Lady Six Sky asumió funciones religiosas, se involucró en la diplomacia, y algunos monumentos incluso la representaron en forma de rey guerrero, probablemente debido a que Naranjo logró algunos triunfos militares bastante impresionantes bajo su gobierno. Pero una de las reinas, Yohl Ik'nal de Palenque, en realidad gobernó con títulos completos del rey, como si fuera un heredero varón de la dinastía. Lady Corazón del Viento, como se la conocía, gobernó desde el año 583 hasta el 604 d. C. No se sabe mucho de su reinado, pero mantuvo la conexión sanguínea directa de los futuros gobernantes con el fundador de Palenque, ya que la misma familia real se mantuvo en el poder. Esta fue una flexibilidad importante que proporcionó un nivel extra de estabilidad en el trono de los estados mayas.

Sin embargo, por muy flexibles que fueran las dinastías mayas, ninguna de ellas era realmente eterna. Algunas de ellas se extinguieron naturalmente, otras violentamente. Algunas fueron destronadas por extraños, otras por sus propios nobles. Sería entonces razonable asumir que, con el fin de una dinastía, el vínculo con el rey fundador y el ancestro se rompería, especialmente si el nuevo monarca venía de fuera de la comunidad, puesto en el trono por un rey de otro estado. Pero ese no era el caso. Todos los gobernantes de una sola ciudad afirmaban que continuaban la línea del asustado fundador. Esa clase de continuidad real está claramente marcada por el hecho de que los mayas numeraron a sus gobernantes, empezando por el fundador. Un gran ejemplo de esto es la toma de Tikal en el año 378 d. C. Cuando Yax Nuun Ayiin fue coronado como rey, fue marcado como el decimoquinto sucesor de Yax Ehb Xook, el fundador de la ciudad. Y ni siquiera intentaba presentarse como un legítimo pretendiente al trono. De esta manera, el título de k'uhul ajaw podía por sí mismo dar autoridad y poder al portador y a sus sucesores, ya que su conexión con el padre fundador era más simbólica que realista.

Lo que sí era real era el poder del rey, que en el apogeo del culto a los gobernantes era incuestionable. Pero ni siquiera el monarca más poderoso y capaz podía gobernar todo el estado por sí solo, especialmente unos tan grandes como Tikal y Calakmul. Por eso no es de extrañar que los nobles sirvieran al gobernante en sus oficinas administrativas de mayor rango. Incluso el título, "sajal", que fue otorgado a las insinuaciones oficiales del rey, como la traducción literal es "noble". También había un cargo de "baah sajal" o jefe de la nobleza, que probablemente estaba a cargo de varios sajals, reportando directamente al propio rey. Por supuesto, había más títulos reservados para la élite, como "ah tz'ihb" o escriba real. Y los papeles exactos en una corte de algunos títulos, como "yajaw k'ahk'", o señor del fuego, siguen siendo un misterio para los historiadores. Sin embargo, muestra claramente que los gobernantes mayas tenían que confiar en la ayuda de su élite para gobernar eficazmente sus estados de crecimiento. Al mismo tiempo, era otra forma de vincular a los nobles a su gobierno, ya que esos títulos también se concedían a los gobernantes de los sitios secundarios y terciarios.

Este tipo de "compra" y de confirmación de la lealtad de la élite funcionó siempre que los reyes tuvieron éxito. Pero esta maniobra política fue contraproducente para los gobernantes posteriores en la era clásica y posclásica terminal, cuando el culto real comenzó a desaparecer. Los poderes otorgados a los nobles se convirtieron en demasiado para controlarlos, y la élite no estaba contenta con el resultado final del gobierno de los monarcas. Eventualmente comenzaron a limitar la autoridad de sus gobernantes. Un ejemplo de esto se ve a través de la creación de la casa del consejo, el Popol Nah. Los reyes mayas ya no podían gobernar de forma absoluta; tenían que responder ante el noble consejo. Al mismo tiempo, los nobles podían aconsejar más a su gobernante y dirigir la política del estado más a su gusto. Un ejemplo de este tipo de monarquía conciliar se ve en el siglo IX en Copán, donde los arqueólogos encontraron un Popol Nah decorado con glifos que representaban varios linajes nobles, lo que prueba que este edificio no fue creado únicamente para el gobernante y la familia real. Hoy en día los historiadores asumen que durante el período clásico terminal hubo tensión entre la familia real y la noble, sino una lucha más abierta por los poderes. Pero la falta de pruebas les impide crear una imagen más precisa de eso.

Lo que es ciertamente más claro es el hecho de que, como el culto al gobernante fue abandonado con mayor frecuencia en la era posclásica tardía, el sistema de consejo evolucionó hacia el sistema multe pal. En teoría, se trataba de un sistema de gobierno conjunto de varias casas nobles, que no necesariamente tenía que originarse en la capital del estado. Pero este sistema de oligarquía en realidad rara vez funcionaba como se pretendía. Las fallas se ven mejor en el ejemplo de Mayapán. Este estado se formó ciertamente con el sistema multepal, en el que varias casas nobles gobernaban juntas, compartiendo oficinas de gobierno entre ellas. Pero después de poco tiempo, se hizo evidente que una casa, la Cocom, se había hecho más fuerte que las demás, ya que su líder asumió el papel de rey. Incluso mantuvo como rehenes en la capital a representantes de otras familias nobles. Aunque su gobierno no era tan absoluto como el de los reyes del clásico tardío, ya no era un verdadero multimillonario. Pero los mayas no abandonaron completamente la idea del gobierno conjunto.

Después de que el estado maya se derrumbó, se crearon muchos estados más pequeños. La mayoría de ellos fueron gobernados por reyes, ahora con el título de "halach uinic", que significa hombre real/verdadero, apoyado por consejos influyentes. El título en sí es una prueba más del fracaso del culto de los gobernantes. Pero lo más fascinante son varios estados pequeños cuyos textos no mencionan en absoluto la halaj uínica, solo los consejos. Estos parecen ser un ejemplo de un sistema multipolar real y funcional. Lamentablemente, cualquier desarrollo ulterior de este sistema y la idea del gobierno compartido en la civilización maya se detuvo abruptamente por la conquista de los españoles.

Hasta ahora, el tema de la regla gubernamental sólo se ha examinado mirando a los niveles más altos del estado, los gobernantes y los consejos de la nobleza, y se ha centrado principalmente en la capital. Por supuesto, esto es bastante razonable considerando que estos eran los factores más importantes del gobierno, pero también porque otros rangos inferiores del sistema de gobierno no se mencionaban en los textos mayas. Esta falta de evidencia se redujo un poco con la evidencia arqueológica encontrada en Cerén, un sitio de período clásico en el occidente de El Salvador. Alrededor del año 600 d. C., este pequeño pueblo, con una población de alrededor de 200 personas, fue cubierto por cenizas durante una erupción volcánica. Los arqueólogos han encontrado que el edificio más grande del sitio, con las paredes más gruesas, carecía de cualquier artículo doméstico común, pero estaba equipado con dos bancos en las paredes laterales y una gran jarra cerca de uno de ellos. Las paredes interiores también tienen signos de decoración en forma de líneas y puntuación. Todo esto llevó a los investigadores a concluir que se trataba de un edificio público, muy probablemente utilizado para el gobierno local y las reuniones de la comunidad. Los ancianos y líderes de la aldea se reunían en los bancos, discutían los asuntos locales, tomaban decisiones y resolvían cualquier disputa en su comunidad. La bebida servida en la gran jarra se usaba probablemente con el propósito ceremonial de sellar las acciones del consejo de la comunidad. Además, los arqueólogos piensan que esta "sala de la aldea" se utilizaba para deliberar y anunciar cualquier orden que llegara de la capital, así como para informar a los aldeanos sobre sus deberes laborales corvee. Aunque la mayoría de estas son suposiciones hechas

por los arqueólogos basadas en escasa evidencia, gracias a la
"Pompeya de las Américas", tenemos al menos una vaga idea de cómo
funcionaba el sistema de gobierno maya a nivel local.

Capítulo 6 - La guerra de los mayas

Es evidente, tanto en los textos y monumentos mayas, como en algunos otros hallazgos arqueológicos, que la guerra jugó un papel importante en la civilización maya. Durante la mayor parte de su historia, los fragmentados estados mayas estuvieron encerrados en el casi perpetuo estado de guerra entre ellos. Ni siquiera las amenazas extranjeras, como las que provenían de Teotihuacán o los aztecas, pudieron hacer que los mayas llamaran a una tregua y se unieran contra el enemigo común. Cuando llegaron los españoles, los mayas de Yucatán reconocieron lo peligrosos que eran los europeos, pero incluso entonces, el impulso de saldar viejas cuentas era demasiado grande para que la paz y la unidad duraran más de un par de años. Se esperaría que algo tan crucial para los mayas como la guerra estuviera bien documentado y fuera plenamente comprendido por los historiadores, pero no es así. No se sabe mucho sobre la logística, la organización de los militares, o su entrenamiento, ya que no se describen o ni siquiera se mencionan en los textos y tallas. Los monumentos a veces contienen representaciones de batallas, pero en su mayoría se centran en la celebración de victorias y mencionan las guerras libradas por los reyes mayas. Esta falta de evidencia concreta no ha desalentado a los arqueólogos e historiadores en sus intentos de descubrir al menos algunos misterios de la guerra maya.

Una de las certezas de la guerra maya es que los gobernantes eran los capitanes de guerra supremos, como se evidencia en los monumentos. En el período preclásico los gobernantes eran representados, y en algunos casos incluso enterrados, con cabezas-trofeo en sus cinturones. Estos representaban a los cautivos sacrificados. Esas imágenes desaparecieron más tarde, y los gobernantes fueron representados de pie sobre sus cautivos. A veces, incluso las reinas se mostraban de la misma manera. Los prisioneros de guerra eran importantes para los reyes mayas, ya que era una forma de demostrar su valor tanto a los dioses como a los subordinados. Algunos documentos testifican que antes de que un gobernante pudiera ser coronado, tenía que capturar al menos un prisionero para su sacrificio. En algunas escenas, incluso los antepasados reales, vestidos como guerreros, aparecen aconsejando al gobernante actual en el campo de batalla. La importancia religiosa de los sacrificios, especialmente de los cautivos, persistió hasta el tiempo de los Conquistadores, dando una explicación de por qué la guerra era importante para los mayas y sus reyes. También ayuda a ilustrar por qué las guerras aparentemente nunca se detuvieron en el mundo maya, y por qué los gobernantes a menudo tomaban títulos como "El de los 20 cautivos". A pesar de todas las tallas y textos que representan a los gobernantes victoriosos, algunos historiadores afirmaron que los gobernantes mayas no participaban realmente en las batallas; que eran simplemente comandantes en jefe, no soldados. Veían las representaciones como pura propaganda. Desconociendo las escenas de reyes involucrados en combates mano a mano, el hecho de que muchas inscripciones mencionen a gobernantes que fueron capturados en batallas y sacrificados más tarde desmiente esta teoría. Incluso los españoles mencionan que algunas cabezas de las familias reales lucharon contra ellos en combate directo.

También fueron los conquistadores europeos quienes notaron algo de la organización y la jerarquía del ejército maya del posclásico tardío. Los españoles mencionan un título militar no hereditario de "nacom". Este rango no era permanente, sino que se mantenía durante un corto período de tiempo, no más largo que la duración de una guerra particular, similar al título del dictador en la antigua república romana. Su tarea consistía en reunir y organizar el ejército, al mismo tiempo que se realizaban ciertos rituales religiosos que probablemente antes realizaba el propio gobernante. Un nacom de Yucatán no dirigía personalmente a las tropas en la lucha, sino que sólo actuaba como jefe de estrategia militar. Pero en el reino Quiché, el nacón también dirigía las tropas en la batalla, apoyado por cuatro capitanes bajo su mando. Esos capitanes eran probablemente clasificados como "batab", un título que se daba a los gobernantes y gobernadores de los pueblos y sitios dependientes dentro del estado. Los españoles registraron que su obligación era dirigir sus ejércitos locales en la batalla bajo el mando supremo de su gobernante, o en este caso un oficial que representara al gobernante. Los historiadores han vinculado las responsabilidades y deberes al título de sahal del período Clásico Tardío, también otorgado a los gobernantes de las ciudades vasallas.

Otro rango militar del período clásico que ha sido descifrado es el título de "bate". Su verdadera naturaleza permanece oculta, pero parece que tiene algo que ver con los cautivos de guerra y su sacrificio. Este título lo han ostentado tanto el gobernante como los guerreros de élite, pero también se ha atribuido a algunas mujeres nobles. Aunque hay algunas menciones de mujeres que ayudan en la guerra, nunca fueron mencionadas como oficiales militares. Por lo tanto, parece que el bate era un título más honorífico y hereditario, otorgado a una persona o familia que demostraba su valor en el combate. Lo que conecta a todos los oficiales militares conocidos es que todos ellos estaban restringidos a los miembros de la élite, fueran o no hereditarios. Esto se debía probablemente al hecho de que sólo los nobles tenían la posibilidad de practicar el arte de la guerra y de la estrategia. Pero el hecho de que los nobles sirvieran como oficiales militares también era beneficioso para el gobernante y el estado, ya que podían criar un gran número de guerreros a través de su parentesco, las relaciones de tributación y el control directo de sus tierras. Esto puede compararse con los señores feudales de los reinos medievales europeos. Una gran diferencia entre los oficiales nobles mayas y los caballeros europeos es que en la sociedad maya un plebeyo podría avanzar en los rangos militares y sociales si pudiera demostrar su destreza en la guerra.

Los historiadores de hoy no pueden estar seguros de cuán común era ese tipo de avance, pero está claro que por debajo de los oficiales venía la mayoría de los soldados comunes. Los mayas no tenían un ejército permanente, pero algunas fuentes sugieren que tenían un pequeño grupo de guerreros estacionados en asentamientos más grandes, siempre preparados para la batalla. No se sabe si eran plebeyos o miembros de la élite. Sea cual sea el caso, los españoles informan que cada intento de ataque sorpresa a los puertos fue recibido por un grupo de mayas preparados para luchar. Los soldados mayas regulares eran en realidad reclutas, muy probablemente reunidos por sus gobernadores o señores locales. Su servicio militar también puede haber sido parte de los deberes laborales del corvee. El servicio de la gente común era especialmente necesario en tiempos de guerras a gran escala, cuando la mayoría de la población masculina adulta era reclutada para luchar por su rey y su estado. Es probable que trajeran sus propias armas, utilizadas en tiempos de paz para la caza. Y parece que la caza era el único entrenamiento que recibía un plebeyo, que más tarde se amplió por su propia experiencia de las campañas militares anteriores en las que participó. Durante los períodos de guerra, otro tipo de soldados utilizados eran mercenarios. Mejor entrenados, pero menos leales, fueron en algunos casos un factor decisivo en el curso de la guerra. Sus pagos les eran entregados por los capitanes de guerra que compraban sus servicios, pero los ciudadanos comunes los alojaban y alimentaban.

Los mercenarios, al igual que los oficiales y los reclutas comunes, trajeron sus propias armas al campo de batalla. El arma más comúnmente representada en los monumentos es probablemente el "átlatl" o el lanzador de lanzas. Esta arma fue traída al mundo maya desde el centro de México por los teotihuacanos alrededor del siglo IV d. C. Fue una gran mejora ya que la jabalina o un dardo, con su afilada punta de pizarra o de obsidiana, podía dar en el blanco desde una distancia de 45m (150 pies), con al menos el doble de fuerza y mejor precisión que si se hacía simplemente lanzando. Cabe señalar que algunos historiadores piensan que el uso del átlatl fue limitado, debido a su impracticabilidad en el terreno selvático, afirmando que sus representaciones eran comunes sólo como un símbolo de poder prestado del arte teotihuacano. Además del lanzador de lanzas, los mayas también usaban cerbatanas, que se utilizaban tanto en la caza como en la guerra. Esta arma era más utilizada por los plebeyos, ya que era más barata de fabricar y requería menos entrenamiento. El arco y la flecha también se conocían desde la época clásica, pero no fue hasta el posclásico que se convirtió en un arma común en el campo de batalla. También se asoció más comúnmente con los soldados no pertenecientes a la élite, que usaban flechas de caña, apuntadas con pedernales o con afilados dientes de pescado. Además, los mayas usaban una variedad de armas de mano.

Los soldados mayas usaban comúnmente lanzas, hachas y palos de madera, los cuales estaban comúnmente provistos de afiladas puntas o cuchillas de obsidiana. Tenían cuchillos y dagas, también hechos de obsidiana afilada o pedernal. Para los europeos la falta de armas de metal era extraña, y la consideraban bastante primitiva. Pero los mayas, cuando llegaron los primeros españoles, ya usaban cuchillas de cobre, aunque a escala limitada. En general, tendían a pegarse con filos de piedra, ya que la obsidiana era más común, más barata, más duradera y fácil de convertir en hojas afiladas. Además, no había nada de primitivo en la hoja de obsidiana, ya que el propio Cristóbal Colón señaló que las armas mayas cortaban tan bien como el acero español.

Los guerreros mayas a menudo estaban más equipados con escudos. El tipo de escudo utilizado dependía principalmente del arma que llevaba un soldado. Si estaba armado con una lanza, un combatiente maya solía llevar un escudo flexible rectangular hecho de cuero y algodón. Sus capacidades defensivas eran limitadas y estos escudos se usaban principalmente para protegerse de los proyectiles y dar una protección más pasiva al cuerpo. Lo más probable es que la lanza proporcionara tanto ataques como paradas defensivas activas. Y los historiadores piensan que estos lanceros eran el tipo más común de guerreros mayas utilizados en las batallas, convirtiéndolos en el núcleo del ejército.

Los soldados con hachas o palos eran menos comunes y probablemente se usaban para complementar a los lanceros en la batalla, o quizás se les daban tareas más especializadas. También eran más valiosos en pequeñas incursiones a enemigos con armadura ligera. Este tipo de guerreros también llevaban escudos. Normalmente eran redondos y más rígidos, hechos de cuero, madera, y en algunos casos incluso de caparazones de tortuga. Como eran más pequeños y estaban bien atados al brazo, su uso principal era para detener los golpes del enemigo, ya que los palos y hachas más cortos no eran adecuados para ese propósito. Este tipo de escudo evitaba un tamaño más grande y protector en favor de una forma más pequeña, pero más maniobrable. Esto disminuyó en cierta medida la cantidad de protección que el escudo proporcionaba a un guerrero. Los arqueólogos también han encontrado un tercer tipo de escudo que era un rígido, grande y rectangular, que por lo general se hizo de madera, cuero o cañas tejidas. Esta fue una introducción del centro de México, ya que era más común en esa área. Pero los historiadores asumen que su uso era limitado, sobre todo como una señal de poder y prestigio. Esta teoría proviene de la impracticabilidad del escudo en las espesas selvas de la patria maya, y también del hecho de que los escudos se asociaban comúnmente con la iconografía y los dioses de estilo mexicano, lo que le daba al escudo más valor como símbolo de estatus.

Una figura del lancero maya. Fuente: **https://commons.wikimedia.org**

Parece que los cascos también eran algo simbólico. Normalmente los llevaban los oficiales de mayor rango y, aunque probablemente ofrecían alguna protección adicional, su uso principal era representar el estatus del portador. En el posclásico, estos cascos, normalmente de madera, se adornaban con diversos emblemas, efigies y plumas. Los del período clásico eran aún menos protectores y más estéticos. Eran tocados de madera y tela más elaborados que probablemente representaban el espíritu animal del guerrero. Los reyes llevaban el simbolismo aún más lejos. En algunos casos, los gobernantes mayas se vestían con trajes de guerra rituales para inspirar a sus tropas. Esta ropa ofrecería alguna protección extra, pero sería demasiado poco práctica para el combate. Por eso no era una práctica común y probablemente se usaba en casos en los que el rey no estaba directamente involucrado en la lucha real. En las representaciones más habituales de los gobernantes en la batalla, llevaban ropa más adecuada para protegerse, como chalecos de algodón acolchados y polainas de jaguar. También llevaban elaborados tocados y escudos de jaguar adornados con el símbolo del dios del sol jaguar, una deidad maya de la guerra y del inframundo.

A pesar del hecho de que los reyes fueron representados algunas veces usando una armadura de algodón acolchada, su uso no parece haber sido tan común. La mayoría de los guerreros comunes son representados usando nada más que un taparrabos. Por lo tanto, parece que, al menos en la era clásica, la armadura de algodón estaba reservada para los nobles. Esto puede haber cambiado en el posclásico, ya que hay registros de que los españoles han estado dejando caer sus propias placas de acero para cambiar a las túnicas mayas de algodón. Esto puede indicar que más de unos pocos nobles la usaban. Pero también demuestra lo efectivo que era. Proporcionaba una protección más que suficiente contra las armas de obsidiana, aunque fuentes de Conquistador indican que era un poco menos eficaz contra las armas de acero. Pero sus principales ventajas eran que era más ligero, más adecuado para las altas temperaturas de la región, y que era más flexible, lo que hacía que los soldados fueran más móviles que si llevaban una armadura de acero. Desgraciadamente, ese tipo de protección no estaba disponible para los plebeyos. Como luchaban con el pecho desnudo, a menudo se aplicaban pintura corporal. Las razones para ello pueden encontrarse en posibles ceremonias religiosas, para diferenciarse del enemigo, o incluso como una táctica de guerra psicológica para asustar a los oponentes.

Las tácticas exactas utilizadas por los generales mayas en los campos de batalla son desconocidas para nosotros ya que no hay registros sobre ellas. Algunos historiadores argumentan que la falta de banderas y estandartes apunta al hecho de que lucharon fuera de la formación. La evidencia que apoya esta teoría es el hecho de que las selvas densas no son un terreno adecuado para que los ejércitos mantengan el orden. Lo que los historiadores militares asumen, de acuerdo con los tipos de armas y equipos usados por los mayas, es que las típicas batallas se iniciaron con voleas de armas de proyectiles. Estas tenían como objetivo debilitar al enemigo, tanto física como mentalmente. Entonces los principales combatientes de los ejércitos chocaban en combate mano a mano en un simple choque directo. Los ganadores de estas batallas serían los que tuvieran ejércitos más grandes, mejor equipamiento y, en última instancia, mayor moral y voluntad de luchar. Por supuesto, esto no puede descartar la posibilidad de que al menos algunos estrategas mayas usen tácticas más complejas, como el encierro o las emboscadas. Los historiadores simplemente no tienen la evidencia para confirmar esa posibilidad.

No todas las batallas mayas se libraban en el desierto, ya que una táctica importante de la guerra maya era llevar a cabo incursiones en las ciudades. En algunas situaciones, las ciudades que fueron atacadas estaban indefensas. Por ejemplo, el principal ejército de una ciudad defensora podría haber sido derrotado antes del ataque urbano. El ejército atacante podía entonces simplemente arar la ciudad, quemando, saqueando y causando destrucción. Pero las ciudades no siempre se quedaron sin ninguna protección. En esos casos, las calles anchas y las plazas abiertas muy probablemente se convirtieron en un campo de batalla fraccionado. Por supuesto, el destino de la ciudad y sus ciudadanos dependía del resultado de la batalla. A medida que estos ataques a los centros urbanos se hicieron más frecuentes, los defensores comenzaron a construir varias estructuras defensivas que alteraron la forma en que esas ciudades eran atacadas. No hay evidencia de que se necesitara equipo de asedio para atravesar las defensas, así que parece que la principal táctica era el bloqueo. El ejército atacante intentaba cortar los suministros de la ciudad con la esperanza de que los defensores acabaran cediendo. La habilidad de los mayas en el uso de esta táctica fue confirmada por los españoles, que fueron realmente derrotados por ella durante su ataque a Yucatán en 1533 d. C. Su campamento fue rodeado, cortado de suministros. Al no poder encontrar comida o agua, se vieron obligados a huir durante la noche para intentar salvar sus vidas. Otras posibles tácticas de asedio pueden haber sido utilizadas, como los ataques sorpresa, cogiendo a las fuerzas defensivas con la guardia baja. Tal vez la gente en los asentamientos puede haber sido sobornada para permitir la entrada de los ejércitos atacantes. Una vez más, estas tácticas no pueden ser verificadas concretamente por las fuentes, por lo que siguen siendo objeto de especulación.

Réplica de un mural maya que representa una batalla. Fuente: https://commons.wikimedia.org

Lo que es claramente evidente son los restos de las fortificaciones utilizadas para defender las ciudades de los ataques. Parece ser que inicialmente los tipos de defensa más comunes fueron las zanjas y fosos creados por el desvío de los canales agrícolas. Algunos historiadores sostienen que los fosos no eran principalmente defensivos, sino que sólo se utilizaban como depósitos de agua para la ciudad. Ambas teorías sobre el uso de los fosos son plausibles. En tiempos de paz la gente podía usarlos como fuente de agua. Pero, durante un ataque, los fosos presentarían un gran obstáculo para las fuerzas invasoras. También se construyeron muros, algunos de ellos de hasta 11 m de altura. Hay menos dudas sobre su propósito, ya que están claramente hechos para formar parte de fortificaciones. Algunos han argumentado que las murallas fueron erigidas para separar a la nobleza de los plebeyos, pero no parece probable ya que va en contra de la idea maya de espacios públicos abiertos para rituales y ceremonias. Uno de los mejores ejemplos de muros utilizados para la defensa se encuentra en Dos Pilas, donde fueron construidos apresuradamente con los materiales que componían los edificios religiosos. Los defensores construyeron dos muros concéntricos para crear una zona de matanza de 20 a 30 m de ancho (66 a 99 pies).

Cuando los atacantes rompían las puertas, quedaban atrapados entre dos muros y se convertían en blancos fáciles para los defensores en el muro interior. Los arqueólogos han excavado numerosos puntos de proyectiles en ese lugar, mientras que los entierros de los varones adultos decapitados se encontraron justo fuera de las paredes. Esto demuestra lo efectivas y sangrientas que podían ser las tácticas defensivas y fortificaciones mayas. Pero como ya se ha mencionado, al final no fueron suficientes para salvar la ciudad.

Otras ciudades que compartieron un destino similar con Dos Pilas hicieron barricadas de escombros en tiempos de urgencia. Por supuesto, ese tipo de estructuras defensivas eran menos eficientes. Otro tipo de estructuras protectoras eran las empalizadas de madera, que a veces alcanzaban alturas de 9m (30 pies). Si no se construían apresuradamente debido a un ataque inminente, las empalizadas podían cubrirse con yeso para evitar que se incendiaran fácilmente. Durante los períodos clásico y posclásico terminal, hubo otro salto importante en los sistemas de fortificación. Las murallas se equiparon con murallas más amplias, parapetos y pasillos interiores. Esto se debió al aumento del uso de arqueros en las guerras, ya que podían disparar desde mayores distancias. Desde lo alto de las murallas, los defensores podían utilizar la amenaza de los arqueros para mantener a los atacantes más lejos. Durante este período, los sistemas defensivos se hicieron más complejos, creándose en múltiples anillos de defensa, siendo el último anillo el que protege el centro sagrado y más importante de la ciudad. Pero además de hacer que las defensas fueran más profundas hacia el interior, algunas de las ciudades crearon fuertes más pequeños fuera de los límites de la ciudad. Estos fueron usados como el primer perímetro de defensa; para disminuir la posibilidad de ataques sorpresa. Sin embargo, no importa cuán complejas y eficientes fueran estas defensas, parece que al final, nada podía realmente proteger a las ciudades mayas de los problemas de la guerra. Todas ellas acabaron siendo derrotadas.

Los mayas continuaron tratando de prevenir esos resultados fatales. Otra forma en que trataron de mejorar la capacidad defensiva de sus asentamientos fue utilizando el paisaje. Esto se hizo más común en la era posclásica, especialmente en las tierras altas. Allí, muchas ciudades y fortificaciones fueron erigidas en las cimas de las colinas, lo que dificultó el acceso a ellas. A veces, la única manera de acercarse a la ciudad era un camino estrecho, fácilmente controlado por los defensores. Otras veces, una ciudad estaba rodeada por un barranco que sólo podía ser cruzado por un puente de tablones que los defensores podían quitar. Pero este tipo de fortificaciones se convirtieron más bien en un tipo de ciudadela, usada principalmente para defensas y no como viviendas. En las Tierras Bajas, el principal uso de las defensas naturales eran las islas en los lagos y las costas, que no podían ser cruzadas sin una canoa o un barco. Los españoles también han mencionado el uso de trampas como medidas defensivas. Un ejemplo de ello fue el de los mayas tratando de atraer a los conquistadores a un camino estrecho y luego cortar las salidas. La idea era derrotarlos en un espacio alto donde sus caballos no podían maniobrar, convirtiéndolos en blancos fáciles tanto para los arqueros como para los lanceros.

Otra pregunta importante que debe ser respondida es por qué la guerra era tan importante para los mayas. Esto se explica mejor analizando los tipos de guerras que hacían, o más precisamente determinando cuál era el principal objetivo que debían alcanzar los atacantes. Lo más común es que los estados mayas entraran en guerra en un intento de expandir sus territorios e influencia. Esto se hizo para obtener beneficios económicos, principalmente a través del control de las rutas comerciales y los recursos, y además para lograr el avance político. Las guerras podían estar motivadas por el deseo de derrotar a un aliado o a un vasallo de un estado enemigo, por la búsqueda de la eliminación de una dinastía, por el impulso de mejorar la fuerza política del propio estado, o incluso por la venganza en algunos casos. Los beneficios añadidos de las guerras exitosas fueron los tributos pagados por las ciudades conquistadas. La venganza a veces daba a la guerra otras dimensiones, transformando una confrontación de un conflicto territorial en una misión de destrucción. Esto era menos común, ya que obviamente no producía tantos beneficios como la conquista. Si se hacía, generalmente era la culminación de años de animosidad y hostilidad. El mejor ejemplo de esto fue Dos Pilas, que fue destruido sin que hubiera indicios de que los atacantes hubieran intentado conquistarlo o someterlo. Otro ejemplo de una guerra de destrucción fue cuando Chichén Itzá aniquiló a uno de sus competidores en el comercio marítimo. No hubo motivación para la venganza sino por el simple cálculo de que un competidor necesitaba ser destruido sin dar ninguna oportunidad de resurgimiento posterior; la recuperación hubiera sido posible si simplemente se hubiera convertido en una ciudad vasalla.

Pero las ganancias y la venganza no fueron las únicas razones para que los mayas fueran a la guerra. Otra motivación crucial fue la religión y los rituales. Como hemos aprendido, era una parte importante de la imagen de los gobernantes ser presentada con cautivos para ser usada en los sacrificios ceremoniales necesarios para complacer a los dioses. Atrapar a esas víctimas era ciertamente uno de los motivadores de las guerras mayas. Aunque debe enfatizarse que, a diferencia de lo que creían los arqueólogos, esta no era la causa principal de la guerra. Con las guerras "comunes" que se libraban regularmente, a la mayoría de los estados no les faltaban los cautivos para esas necesidades. Pero en algunos casos, cuando los reyes mayas necesitaban probarse a sí mismos y adquirir víctimas de sacrificio, esto podía llevar a un conflicto, aunque no es probable que una guerra a gran escala. Y aunque la religión no era a menudo una causa de guerra, ciertamente se utilizaba comúnmente para justificarla. Los mayas a menudo miraban al cielo nocturno, observando el movimiento de Venus, que estaba asociado con la guerra. Las guerras se libraban típicamente cuando era visible en el cielo. De hecho, estas guerras han sido marcadas con un glifo de guerra de estrellas en los monumentos y en los textos. Esto significaba que la guerra era sancionada como una misión divina, de forma similar a las cruzadas o la yihad. Se utilizaba comúnmente como justificación de la guerra territorial, haciendo que la llamada "Guerra de las Galaxias" no fuera un acontecimiento poco común.

Capítulo 7 - Economía de la civilización maya

Hasta ahora, en los capítulos anteriores, se ha podido observar que la economía fue uno de los motores importantes de la civilización maya. Era una base que impulsaba sus políticas desde los cacicazgos hasta los estados, permitía la expansión de la cultura y los grandes logros arquitectónicos, por ello se iniciaron y terminaron las guerras. Incluso los mayas se dieron cuenta de lo importante que era la economía para ellos, especialmente en el período posclásico tardío, cuando su sociedad se volvió hacia la rápida comercialización. Para comprender plenamente la historia, el desarrollo y la cultura maya, hay que conocer también cómo funcionaba su economía. Empezó con sus primeros antecedentes tribales de caza y rebúsqueda de alimentos, y luego cambió a la agricultura cuando los antepasados mayas eligieron una forma de vida sedentaria. Desde entonces, la base de la economía maya fue la agricultura. Desde el principio, durante el preclásico, los mayas descubrieron que el manejo del agua era la clave para obtener cosechas mejores y más confiables. Por eso construyeron pozos, canales y, en algunos casos extremos como el de Kaminaljuyú, crearon sistemas de irrigación masiva. Además, era común crear reservas de agua a partir de cuevas subterráneas naturales y artificiales, así como pozos de cantera revestidos de arcilla para hacerlos más herméticos. En algunos casos, en Yucatán, los mayas incluso profundizaron las depresiones naturales de retención de agua y cultivaron nenúfares para frenar la evaporación del agua.

Las sequías no fueron el único problema que los mayas enfrentaron en la agricultura. Las inundaciones y las fuertes lluvias también eran preocupantes, pero los canales y otros sistemas de gestión del agua también drenaban el agua. Donde no había necesidad de canales se utilizaba la técnica de drenaje y elevación, donde los campos estaban cubiertos por una red de zanjas de drenaje que quitaban el exceso de agua, mientras que simultáneamente la tierra desenterrada de las zanjas se apilaba en los mismos campos, elevándolos de la llanura de inundación. Otro problema que enfrentaban los agricultores mayas era el de mantener la fertilidad del suelo. Para ello utilizaron varias técnicas, desde la siembra de especies complementarias cercanas entre sí, como el frijol y el maíz, hasta el uso de fertilizantes hechos con desechos domésticos y la rotación de cultivos. Los agricultores mayas también utilizaron métodos de agricultura de arrastre, pero esto se usó principalmente para crear nuevos campos. Y aunque en conjunto estos enfoques para la preservación del suelo muestran un verdadero entendimiento de la agricultura, no era suficiente para mantener los suministros de alimentos cuando la población crecía demasiado. Por lo tanto, muchos de los campos fértiles estaban sobre utilizados y agotados cuando la era Clásica estaba llegando a su fin.

Sin embargo, la agricultura maya perduró, mientras que los agricultores buscaron nuevos suelos fértiles en los que plantar sus cultivos. Estos se pueden dividir en dos grandes grupos, los cultivos alimentarios y los cultivos de exportación o comerciales. Los principales cultivos alimentarios fueron el maíz, la mandioca, la calabaza, la batata, la papaya, la piña, el aguacate, los tomates, los chiles y los frijoles comunes. Además, los mayas también cultivaban algunas hierbas medicinales en pequeños jardines de la casa. Y aunque los alimentos se comercializaban a veces, los principales ingresos comerciales provenían de los cultivos comerciales. La más importante de ellas era probablemente el cacao, que era muy buscado por las clases altas para la elaboración de bebidas de chocolate. El cacao también estaba vinculado a los dioses, e incluso servía como moneda hasta cierto punto. Otro importante cultivo de exportación era el algodón que, gracias al clima, crecía bien en la región de Yucatán. A diferencia del cacao, el algodón se convertía en un producto textil acabado antes de ser exportado, y era una importante fuente de ingresos. Un tercer cultivo comercial importante era el agave, que se utilizaba para producir fibras de cáñamo para la ropa y sandalias baratas de los plebeyos, así como cuerdas fuertes. Además, cultivaban tabaco, que se utilizaba tanto para los rituales religiosos como para el placer individual. A pesar del desarrollo de la agricultura, la caza y la rebúsqueda de alimentos también seguían siendo fuentes de comida e ingresos para los mayas.

Los animales que se cazaban iban desde los grandes ciervos, pasando por los pecaríes y los monos, hasta la codorniz y la perdiz. También cazaban cocodrilos y manatíes. Para la caza mayor, los cazadores mayas usaban principalmente lanzas y arcos, mientras que para los monos y las aves usaban cerbatanas. También empleaban trampas que se usaban principalmente para atrapar tapires y armadillos, así como tortugas e iguanas, que además de la carne eran una fuente de huevos muy apreciada. Al igual que en la agricultura, no todos los animales eran cazados para alimentarse. Los jaguares, guacamayos y quetzales se cazaban principalmente por sus plumas, garras, pieles y dientes, los cuales eran muy solicitados por los nobles para ropa y accesorios. Esto los convertía en valiosos artículos de comercio. Pero la selva también era adecuada para la búsqueda de alimento, dándole a los mayas más comida como hongos, a veces alucinógenos, y varias bayas, así como verduras como espinacas de árbol y plantas de raíz como el rábano. Las selvas tropicales también eran fuentes de hierbas medicinales y especias, como el orégano y la pimienta de Jamaica. También recolectaban vainas de vainilla, tanto para dar sabor como para fragancia, a veces incluso cultivando vides de vainilla en lo profundo de la selva tropical. Por supuesto, los mayas también pescaban, tanto en las costas del mar, como en el interior, y en lagos y ríos. Capturaban camarones, langostas, varios mariscos y peces. El pescado de origen marino a veces se salaba y se comercializaba como un manjar a las regiones del interior.

Todas las actividades económicas mencionadas anteriormente son bastante comunes en todo el mundo, por lo que no es sorprendente que los mayas también las practicaran. Lo que puede ser un poco chocante es que la cría de animales nunca fue verdaderamente desarrollada por los mayas. Solo domesticaban perros, para la caza y como mascotas, mientras que los pavos y patos moscovitas solo estaban semi domesticados. En algunos casos, capturaban y retenían un ciervo por un tiempo antes de comerlo más tarde. Pero los mayas practicaban la apicultura, especialmente en Yucatán. Allí hacían colmenas con los troncos de los árboles ahuecados, que tapaban en el extremo. La miel era importante como único edulcorante conocido para los mayas, lo que la convertía en una parte importante de la dieta y en un valioso artículo de comercio. Pero más importante que la miel dulce era la sal, necesaria para mantener la vida. Y aunque casi todos los mayas que vivían en la costa la producían, la sal de Yucatán era la más valorada y se producía en cantidades mucho mayores. Era buscada incluso por la nobleza del centro de México. Otro producto que en algunos casos se reservaba para la nobleza eran las bebidas

alcohólicas, que se consumían principalmente durante las fiestas y rituales. Los ejemplos más famosos de las bebidas alcohólicas mayas y que todavía se elaboran hoy en día, son el balché, un licor suave, y la chicha, una cerveza de maíz.

La segunda rama principal de la economía maya era la artesanía y el trabajo artesanal. La gama de estos productos, así como las habilidades de los fabricantes, iban desde lo simple y crudo hasta lo exquisito. Y aunque la mayoría de ellos eran plebeyos, los artesanos altamente calificados a menudo ascendían a la clase media, mientras que incluso algunos de los nobles practicaban formas de artesanía. De todos los productos que hacían esos artesanos, la cerámica era probablemente el más importante para la economía. En primer lugar, la cerámica era esencial en la vida cotidiana; desde las ollas de cocina hasta las jarras de almacenamiento. Estos productos variaban en calidad, belleza y forma. Pero, si estaban pintadas y adornadas, cumplían una función más ornamental, como los jarrones y las figuritas. Entonces la cerámica se convirtió en un producto comercial bastante importante, muy valorado por la nobleza. La importancia de la cerámica en la sociedad maya se puede demostrar aún más por el hecho de que desarrollaron un medio para producirla en masa. Crearon moldes de los cuales hicieron muchas copias del mismo producto, de los cuales se hicieron incluso figuritas artísticas. Y si era necesario, el "lienzo en blanco" de esos productos podía ser embellecido o individualizado a través de la pintura o la adición de detalles hechos a mano. Más importante es el hecho de que la producción en masa significaba que la cerámica era cada vez más fácil de hacer, más barata y disponible. Era útil en el comercio, tanto para transportar otras mercancías como para ser un artículo de comercio en sí mismo.

Aquellos que pintaron la cerámica, dependiendo de su habilidad y de la calidad de su trabajo, en algunos casos podrían incluso ser considerados artísticos, mientras que otros son más artesanos y simples pintores. Todos ellos utilizaron una variedad de pinceles y herramientas que se asemejan a la aguja de madera del antiguo Cercano Oriente. Estos, junto con otras herramientas y armas, eran otra parte importante de la artesanía de los trabajadores mayas preindustriales. Los principales recursos de los fabricantes de herramientas eran, como ya se mencionó, la obsidiana y el pizarrón.

Estas herramientas formaban parte del comercio de la cerámica, pero también eran necesarias como bienes de consumo. Los fabricantes de herramientas también hacían sables, mangos y palancas de madera para tejer, mientras que los huesos se utilizaban para las agujas y los anzuelos de pesca. Para herramientas de trabajo más pesadas, como cinceles, raspadores, piedras de moler y hachas, usaban basalto. Estos tipos de herramientas se usaban comúnmente y se encuentran en todos los sitios. Pero las herramientas de trabajo precisas, como los micro-taladros necesarios para el trabajo lapidario más fino, se encuentran sólo en los barrios de élite de los centros urbanos. Esto indica que esos artesanos eran de ascendencia noble o eran muy apreciados por la clase dirigente. De nuevo, muestra cómo algunas partes de la industria artesanal eran apreciadas en la sociedad maya, al menos en el período clásico.

En el período posclásico, alrededor del siglo XIII d. C., los fabricantes de herramientas adoptaron una nueva tecnología y recursos para sus productos. Comenzaron a utilizar el cobre para crear hachas, anzuelos de pesca y pinzas. Esto desacredita uno de los mitos más comunes de que los mayas no tenían ningún conocimiento de la metalurgia. La verdad es que el cobre no era mucho mejor que las herramientas de piedra que crearon. Y, en su región no había minas de cobre, pero la obsidiana, el pizarrón y el basalto estaban presentes en abundancia. El único metal que tenían era el oro, y se extraía en pequeñas cantidades en las tierras altas. La mayoría de sus metales preciosos se comercializaban desde el sur de Mesoamérica, y generalmente eran importados como productos terminados. Aunque había algunos artefactos de oro y plata que muy probablemente fueron creados por los artesanos mayas, parece que no desarrollaron muchas de estas habilidades. Se centraron en el trabajo con piedras preciosas, que también eran abundantes en la patria maya. Jade, serpentina, turquesa y pirita eran las más utilizadas. A partir de ellas, crearon joyas, decoraciones para el hogar, figuras y otras piezas de arte. La pirita fue usada específicamente para crear espejos de adivinación. De estos, el jade era el más precioso y también el más difícil de trabajar. Los historiadores de hoy encuentran notable que los artesanos mayas fueron capaces de trabajar con el jade sin ningún tipo de herramientas de metal y piensan que se necesitaba una gran habilidad y dedicación para producir alta calidad de esa piedra en

particular. El artesano maya también utilizó conchas rojas y huesos para hacer joyas y otras obras de arte. Todos estos productos eran muy valorados en el comercio.

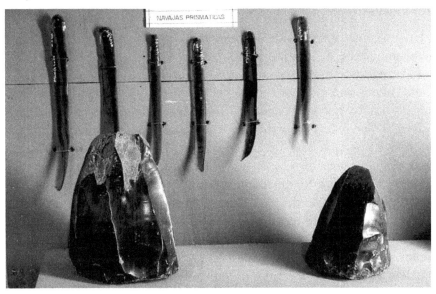

Hojas de obsidiana y obsidiana crudas hechas a mano por artesanos mayas. Fuente: https://commons.wikimedia.org

Otro artículo comercializable era la ropa de algodón. Como se mencionó, el algodón era cultivado por los granjeros mayas, pero los tejedores expertos se encargaban de su procesamiento. Utilizaban una variedad de técnicas complicadas para crear piezas de tela de algodón utilizadas para hacer ropa. Se reservaba para los nobles, en algunos casos incluso se utilizaba como tributo y regalo a la realeza. Estaban adornadas con varios símbolos abstractos, la mayoría de las veces relacionados con motivos cosmológicos y religiosos. En algunos casos, también se tejían plumas en la ropa, que era comúnmente colorida. Utilizaban tintes hechos de plantas, insectos y conchas, y los colores más utilizados eran el azul oscuro, el rojo, el morado y el negro-morado. Los tejedores también producían tapices y brocados de algodón, como decoración y como arte. Todo esto indica que la empresa textil era otra parte importante de la economía maya. Por supuesto, ese tipo de textil de algodón de alto precio estaba reservado para la élite. En algunos casos raros, los mayas comunes tenían ropa hecha de algodón de menor calidad, pero más a menudo usaban simples taparrabos hechos de varias fibras de cáñamo. Otro tipo de atuendo común era la tela de corteza molida, que algunos historiadores argumentan que se usaba sólo para ocasiones ceremoniales.

Un uso más interesante del material de corteza molida fue para hacer una versión cruda del papel. Este papel mesoamericano, llamado así porque se desconoce su origen exacto, se fabricaba generalmente con corteza de higo silvestre que se hervía en agua de maíz, se trataba con cal o ceniza y luego se pelaba en hojas finas. Esas hojas se colocaban en forma de cruz sobre una tabla de madera y luego se golpeaban con una piedra hasta formar una sola hoja de papel. El acabado con una fina capa de yeso aseguraba que el producto final fuera lo suficientemente liso como para escribir sobre él. El uso más notable de este papel fue para escribir libros y códices, que desgraciadamente fueron casi todos destruidos por los españoles. Pero el papel mesoamericano también se usaba probablemente en rituales y para llevar registros de comercio, tributos y otros negocios estatales. Los mayas hacían otros productos con fibras vegetales y vides, sobre todo esteras, cestas y abanicos. Las esteras estaban conectadas con el gobernante y con la autoridad, lo que las hacía al menos simbólicamente importantes. Las canastas se usaban en la mayoría de los casos como un artículo de uso cotidiano para llevar diversos objetos, pero en algunas situaciones, se vinculaban con ceremonias de ofrendas de sacrificio a los dioses.

Después de enumerar todos los productos importantes de las dos ramas principales de la economía maya, es hora de dirigir nuestra atención a la tercera rama que no creó nada más que beneficios. Por supuesto, esta rama es la de comercio. A estas alturas debería quedar claro que gran parte de la vida maya giraba en torno al comercio, y los historiadores piensan que fue el "motor" más importante que impulsó el avance y el crecimiento de la civilización maya. La mayoría de los estados mayas más fuertes sacaron fuerzas del control de las rutas comerciales, y a menudo lucharon por ellas. Pero el comercio también facilitó la conexión con otras regiones de la patria maya, y también con otras naciones vecinas. Como resultado, los mayas no sólo intercambiaban bienes, sino también ideas, tecnologías y creencias. Esa es una de las razones por las que los historiadores han estado tan enfocados en el comercio interregional de larga distancia, que conectaba al actual Nuevo México con Panamá y Colombia. Los mayas ocupaban la posición central de ese comercio. Ellos exportaban e importaban casi todos los recursos y productos mencionados en este capítulo, excepto alimentos. También importaban recursos que no se encuentran comúnmente en su tierra natal, como plata, oro, perlas, cobre, caucho, turquesa, etcétera. Pero los comerciantes mayas también jugaron un papel de intermediarios en el comercio entre el norte y el sur de Mesoamérica, y en algunos casos incluso en áreas más grandes.

Esto no quiere decir que un solo comerciante maya viajara de Panamá a Nuevo México. El comercio a larga distancia se hacía por etapas, como una carrera de relevos, en la que las mercancías eran transportadas por un solo comerciante solo para una parte de la ruta. Sin embargo, los mercaderes mayas tenían un enclave en la Teotihuacan clásica temprana, a 1600 km de su tierra natal. Y esta estrecha conexión con el centro de México continuó cuando los aztecas se convirtieron en la mayor potencia de la región. Otro factor importante del comercio interregional es que reforzó la autoridad y el prestigio del gobernante, ya que la familia real solía controlar los recursos vitales comercializados por los mayas. Por lo tanto, cuando los mayas comerciaban con artículos de lujo, los productos adquiridos iban a parar al gobernante, y en algunos casos a la más alta élite. De esta manera, el rey y los nobles eran los que más se beneficiaban de este tipo de comercio. Por supuesto, este no era el único tipo de comercio. También había un comercio regional, entre los propios mayas. Como ya se ha mencionado, no todas las regiones de la patria maya eran aptas para producir todo o tenían acceso a las mismas materias primas. Por eso era necesario que las ciudades se complementaran entre sí con diversos productos. El mejor ejemplo sería el intercambio de productos de obsidiana por sal entre los estados de la Sierra y Yucatán. Estas conexiones comerciales eran obviamente fuertes y tan frecuentes que mantenían a los mayas estrechamente conectados en una civilización bastante homogénea.

Esto fue facilitado por los gobernantes, quienes por supuesto se beneficiaron del comercio. Patrocinaron y organizaron mercados en los centros de sus ciudades, tratando de atraer a más personas para que comerciaran en sus tierras. Aunque los arqueólogos no están completamente seguros, es probable que los grandes y permanentes mercados mayas estuvieran bajo un estricto control gubernamental. Sus funcionarios hacían cumplir las reglas, resolvían disputas y, por supuesto, cobraban impuestos. Naturalmente, estos mercados centrales también eran utilizados por la población local para adquirir los bienes que necesitaban, y también es probable que existieran mercados locales más pequeños y menos permanentes que se utilizaban para el comercio local. Este tercer tipo de comercio se utilizaba entre vecinos, intercambiando entre ellos los productos de los que carecían. Todas las familias estaban enfocadas y especializadas en un tipo de producción, por lo que creaban excedentes que intercambiaban por los artículos que les faltaban. Este tipo de comercio no era tan rentable y no lo hacían los comerciantes profesionales. Era la gente común la que hacía trueques entre sí. También es probable que no estuviera tan regulado como los niveles más altos de comercio. Sin embargo, era importante para la supervivencia de las comunidades locales y los ciudadanos comunes.

Familiarizándose con los tres niveles o tipos de comercio, así como con el alcance de los comerciantes, es posible hacerse una idea general de cómo era la red de comercio maya. Pero hay otro tema importante relacionado con esta red que aún está por discutirse: el transporte de mercancías. El primer método a desarrollar, y más comúnmente empleado en el comercio local y parcialmente en el regional, fue el transporte terrestre. Sin animales para facilitar el transporte terrestre, todo fue hecho por porteadores humanos. En algunos casos, llevaban las mercancías a la espalda, en otros dos o más de ellos llevaban una litera. También se utilizaban para transportar a los viajeros más ricos. Estos porteadores utilizaban senderos y sacbeob cuando existían en sus rutas. Los equipos de relevo se utilizaban para hacer el transporte más rápido y fácil, especialmente si la carga era pesada o si el destino final estaba más lejos. Pero, en cualquier caso, este tipo de transporte era bastante duro, lento y en esencia ineficiente. Por eso los mayas utilizaban el transporte acuático siempre que podían. Se hizo primero usando ríos, conectando las ciudades del interior. Pero a medida que la tecnología de construcción de barcos mejoró, y el comercio maya comenzó a expandirse cada vez más lejos, también comenzaron a usar el mar para el transporte.

Representación maya de un hombre en una canoa. Fuente:
https://commons.wikimedia.org

Para ello utilizaban canoas, que a principios del siglo XVI tenían unos 2,5m (8 pies) de ancho y tan largas como las galeras, según los relatos del hijo de Colón. Sus embarcaciones estaban equipadas con toldos de palma para proteger a los pasajeros y las mercancías. Y en la misma descripción, se dijo que las canoas mayas podían llevar hasta 25 personas a bordo, lo que significa que también llevaban cantidades sustanciales de carga. Este hecho también impulsó la expansión del comercio marítimo, lo que llevó al surgimiento de hasta 150 puertos en la costa de Yucatán en el período posclásico. Esto, por supuesto, causó que muchos de los centros de comercio de las Tierras Bajas de la era clásica perdieran su poder e importancia. Pero a lo largo de los períodos algunos aspectos del comercio no cambiaron mucho. Uno de ellos fue el sistema de pago. Parece que la "moneda" más común eran los granos de cacao. Se consideraban valiosas, y hubo algunos informes de falsificación de las mismas al llenar de tierra una cáscara de cacao vacía. Sin embargo, la forma exacta en que los gobiernos mayas controlaban su valor y protegían el cacao como un tipo de moneda sigue siendo un enigma para los historiadores. Además de pagar con el cacao, parece que también se utilizaron otros artículos de lujo para los pagos, también con lo que parecen haber sido valores de mercado fijos. Se trataba de cuentas de jade y conchas de ostras. Más tarde, con la introducción de los metales, los comerciantes mayas también comenzaron a utilizar el oro y el cobre. Por supuesto, el trueque también era una forma común de pago, especialmente en los mercados locales.

Para asegurar que los acuerdos comerciales se llevaran a cabo sin problemas, los comerciantes mayas incluso crearon contratos, especialmente para intercambios más grandes o más valiosos. Estos contratos podían ser solo orales, ya que se sellaban con el consumo de alcohol en público. Esto puede haber dado lugar a una cultura de integridad de los comerciantes, ya que los españoles han observado que los comerciantes mayas eran bastante honorables. También observaron que la usura no existía entre ellos. Todos estos factores combinados demuestran que el comercio maya era bastante complejo y muy organizado, nada primitivo como se pensaba. Esto, combinado con una producción agrícola y artesanal desarrollada, hace evidente que los mayas tenían una economía robusta y diversa. Esto muestra otra parte de la civilización maya que estaba prosperando, empujándola hacia una nueva grandeza.

Capítulo 8 - Los logros de los mayas en el arte y la cultura

La civilización maya, altamente desarrollada y bastante compleja, logró crear impresionantes piezas de arte, dando testimonio del nivel de sofisticación que alcanzó la cultura maya. Sus creaciones abarcaron desde la arquitectura y los monumentos monumentales e impresionantes, pasando por hermosas y finas figuras, pinturas y libros, hasta los logros intelectuales menos tangibles e igualmente sorprendentes. Con ellos, los mayas dejaron una clara huella tanto en la cultura mesoamericana como en la mundial, lo que da una razón más para que los investigadores e historiadores de hoy en día se concentren en descubrir sus historias y logros. Lo primero que les llamó la atención, por supuesto, fueron los grandes edificios y ruinas que quedaron, perdidos en las selvas salvajes. La pregunta de quién construyó esas grandes estructuras fue el misterio que inicialmente atrajo a los historiadores a la civilización maya. Y fue un primer paso para desmantelar los viejos prejuicios de los nativos que solo eran tribus primitivas bárbaras. Desde el primer vistazo, estaba claro que ninguna sociedad atrasada podría haber construido algo como las pirámides y los templos mayas. Y el hecho un tanto interesante es que los mayores ejemplos de esas estructuras provienen en realidad de la era preclásica, no de la edad de oro. Pero, aunque de menor tamaño, esos edificios, manteniendo su forma y aspecto básico, fueron construidos hasta la llegada de los españoles.

También, los tipos comunes de estructuras eran palacios, plataformas ceremoniales usualmente de hasta 4m (6.5 pies) de altura, casas de consejo, canchas de pelota, tumbas y acrópolis, observatorios, baños de sudor, y escaleras ceremoniales. Estos eran generalmente edificios públicos, excepto los palacios, que se colocaban generalmente alrededor de una plaza central de la ciudad. Jugaban un papel importante en la vida religiosa y política de cada centro urbano, y se adornaban con diversas tallas y otros tipos de decoraciones. Y como fueron construidos para durar, esos edificios fueron usualmente construidos con piedra caliza, pero también con otros tipos de piedra como mármol, arenisca y traquita, dependiendo de la disponibilidad local. En áreas donde la piedra no era tan común, esos edificios se construían con adobe, que se usaba más típicamente para las casas de los plebeyos. Para el mortero se utilizaba cemento calizo, mientras que el yeso se utilizaba para sellar las paredes exteriores, ya que era más fácil de decorar. Los albañiles mayas también dominaban la técnica de los arcos con ménsulas para crear puertas y cúpulas altas pero estrechas. La forma de "V" inversa de estos arcos, o bóvedas como también se les llama, es uno de los sellos arquitectónicos de los mayas, ya que casi ninguna otra civilización de Mesoamérica los construyó. Las estructuras con estos arcos se asemejaban a sus chozas originales de paja, pero también estaban mejor refrigeradas, lo cual es una ventaja importante en el clima tropical. Además, las bóvedas hacían que los edificios se vieran más impresionantes desde el exterior, lo cual siempre fue un factor importante para los mayas.

Todas estas características son comunes entre las ciudades mayas, distinguiéndolas del resto de Mesoamérica. Sin embargo, existió alguna diferenciación local de estilo, así como cierta evolución y desarrollo a medida que pasaba el tiempo. Estas fueron causadas por la disponibilidad de recursos y la diferente influencia extranjera, pero también por los gustos individuales de determinados gobernantes. Pero a pesar de los detalles, no hay duda de que los mayas, en general, eran albañiles capaces y hábiles, ya que sus estructuras siguen en pie y orgullosos. Sin embargo, los detalles que comúnmente se consideran su característica más hermosa no fueron hechos por ellos. Había talladores de piedra especializados que tenían la tarea de crear esas obras maestras artísticas. Normalmente se tallaban en estuco, con escenas que se tomaban de la mitología o que celebraban al gobernante. A menudo estas dos cosas estaban interconectadas, ya que se mostraba a los gobernantes realizando diversos rituales. Pero los escultores mayas no solo decoraban las paredes. También usaban su habilidad para adornar dinteles, altares, tronos y, sobre todo, estelas. Y hoy en día los historiadores elogian su trabajo no sólo por las habilidades escultóricas de los mayas, sino también porque esas tallas son una de las principales fuentes de información sobre el pasado de la civilización.

De igual manera, los murales y la pintura mural, usualmente realizados en las paredes interiores, también se convirtieron en evidencia importante de la historia maya. Aunque no se salvan muchos, los que se conservan hoy en día nos muestran atisbos de la vida de la corte, las ceremonias rituales, las guerras y las batallas. Esas escenas están pintadas con colores vivos y brillantes, que son un claro recordatorio de que las ciudades mayas eran lugares bastante coloridos. En la época clásica era común que las pinturas murales tuvieran un texto jeroglífico que las acompañaba, dando un contexto más detallado a las escenas. Y el nivel de habilidad de los pintores mayas no es menor que el de los talladores. Además de compartir una imaginería similar, si no la misma, también comparten las mismas características estilísticas. La más notable de ellas es la representación naturalista y bastante realista de los lugares y los seres humanos. Sin embargo, en la mayoría de las obras de arte la gente, incluso los gobernantes, carecen de los rasgos individuales que distinguirían sus características faciales. Otro hecho que los une es que su principal propósito era celebrar y promover a los gobernantes y sus cultos, lo que sugiere que en su mayoría fueron encargados por las familias reales. Solo en el Posclásico, cuando el culto a los gobernantes se estaba extinguiendo, las escenas se centraron más en temas religiosos y mitológicos, así como en los linajes nobles. Pero el hecho es que estos artistas trabajaban solo para los miembros de la élite, y muy probablemente trabajaban en sistemas de patronazgo.

No todo lo que los artistas crearon era tan grande como las decoraciones de las paredes. Tanto los pintores como los escultores también trabajaron en objetos más pequeños. Los escultores crearon muchas máscaras decorativas, celtas (cabezas de hacha), colgantes y figuritas de piedras preciosas, sobre todo de jade. Dependiendo de su propósito, sus temas cambiaban. En algunos casos, se hacían para representar a una cierta deidad o criatura mitológica, mientras que a algunos celtas se les equipaba con la representación de reyes. Y las más famosas eran generalmente máscaras mortuorias, sin rasgos faciales específicos. Como las creaciones hechas con materiales tan caros no habrían estado tan disponibles para los menos afortunados, los escultores mayas también tallaban figuritas y efigies de madera más pequeñas. De nuevo, los temas principales eran los gobernantes, y con mayor frecuencia son la representación de los dioses. Por otro lado, los pintores mayas trabajaron en la decoración de varios productos de cerámica, pero sobre todo en jarrones y cuencos. Sus obras de arte eran bastante similares en todos los aspectos a los murales, excepto en el tamaño. Los temas permanecieron conectados a la religión, los gobernantes y la corte, hechos en una paleta colorida. Y tanto las pinturas como las esculturas conservaban una forma naturalista y un sentido de realismo.

Copia de un mural maya con colores restaurados. Fuente: https://commons.wikimedia.org

A diferencia de otros artistas mayas, los alfareros no solo se centraban en la fabricación de objetos de una belleza impresionante. También tenían que centrarse en la practicidad y la utilidad. Basándose en esta idea, es posible separar los tipos de cerámica maya en dos grupos principales. El primero sería el ceremonial, hecho para la élite y para las necesidades religiosas. Este tipo de cerámica era a menudo policroma, con una mezcla de más de un deslizamiento mineral, y a menudo estaba decorada con pinturas. Estas vasijas eran también más elaboradas en forma y tamaño, añadiendo un reborde de base, pomos en forma de cabezas de animales o humanos, y soportes en forma de mamífero o de patas. Algunas de las vasijas tenían la forma y la decoración de cabezas humanas o animales. Los alfareros mayas también hacían figuras naturalistas que representaban a personas haciendo varios tipos de actividades mundanas. Estas fueron pintadas en su mayoría, probablemente hechas para los nobles, ya que probablemente eran costosas. La cerámica utilitaria era más comúnmente usada por las clases bajas, ya que eran más baratas y menos finas. A diferencia de la cerámica hecha para las élites, estas eran monocromáticas, de forma sencilla y sin muchas decoraciones, si es que tenían alguna. El objetivo principal de los alfareros, en este caso, era hacerlos útiles en la vida cotidiana, sin preocuparse demasiado por la belleza. Y la ya mencionada cerámica producida en masa, mediante el uso de un molde, se creaba normalmente para los plebeyos, no para la élite. Por un lado, era más barata y más disponible, pero también a los nobles les gustaba que sus posesiones fueran más únicas, representando su posición en la sociedad.

El mismo papel de los símbolos de estatus social se asignó a la ropa y la joyería, que también representaban el hábil trabajo artístico de los artesanos mayas. Pero esto se discutirá en un capítulo posterior sobre la vida cotidiana de los mayas, ya que esas formas de arte son más adecuadas para describir su estilo de vida que los logros artísticos y culturales. Por otro lado, los libros y la escritura pueden ser vistos como la cúspide de los logros culturales mayas. Como se mencionó anteriormente, los libros se escribían en papel de corteza cruda, cubierto con una fina capa de yeso. Probablemente hubo miles y miles de códices mayas, como más comúnmente se llama a sus libros, escritos durante su larga historia, sin embargo, hoy en día sólo quedan cuatro, ya que los españoles los quemaron como blasfemos y malvados. Los cuatro libros están relacionados con los rituales, la religión, la mitología, la astronomía y la astrología. Pero no es improbable que entre muchos otros que fueron quemados haya libros sobre su historia y pasado, sobre sus hallazgos científicos y filosóficos, poesía y cuentos. Desgraciadamente, nunca lo sabremos con certeza. Lo que llama la atención es la belleza de los libros, en los que las ilustraciones complementan los textos. Esos dibujos, de estilo similar a las pinturas, son coloridos y naturalistas. En los cuatro códices restantes, representaban a dioses y héroes mitológicos, lo cual no es sorprendente considerando su tema. La escritura jeroglífica se realiza en un solo color, principalmente rojo o negro. Incluso esos glifos pueden ser vistos por sí mismos como motivos de arte, ya que no son menos impresionantes o interesantes que las ilustraciones. Y de manera similar a los libros modernos, las páginas de los códices mayas estaban protegidas con cubiertas hechas de corteza de árbol o pieles, en algunos casos incluso de piel de jaguar. En ese aspecto, cada libro representa una singular creación artística digna de cualquier gran civilización.

Pero los libros y otros textos mayas representan algo más que el arte. Transmiten un mensaje que puede trascender tanto el tiempo como el espacio. Y el desarrollo de un sistema de escritura es un paso de suma importancia en la creación de una civilización desarrollada. Desafortunadamente para los historiadores, no solo los españoles destruyeron los libros, sino que también destruyeron la alfabetización maya, al menos en lo que se refiere a sus propios jeroglíficos. Esa es una de las razones por las que durante mucho tiempo los historiadores y arqueólogos debatieron sobre la escritura maya, con los escépticos afirmando que no es realmente un sistema de escritura, sino más bien ilustraciones o símbolos religiosos, similares a los iconos cristianos. Por supuesto, a través de un largo y arduo trabajo de muchas generaciones de lingüistas y mayistas, ya no hay duda de que los mayas han tenido un sistema de escritura completamente desarrollado, uno que podía transcribir todo lo que hablaban. Según algunos investigadores, los mayas son la única civilización de la Mesoamérica precolombina que desarrolló una escritura completamente funcional, pero esta afirmación es incierta y podría ser desmentida si se descifra cualquier otra escritura mesoamericana.

El origen del sistema de escritura maya no está exactamente claro. Algunos historiadores creen que los mayas adoptaron su escritura de los olmecas. Los olmecas, mencionados anteriormente como una de las civilizaciones más antiguas de Mesoamérica, tenían un sistema de escritura que actualmente está siendo estudiado por los investigadores. Sin embargo, ese sistema no muestra signos del desarrollo total evidente en los jeroglíficos mayas. Una razón de esta conexión teórica entre la escritura olmeca y la maya es la similitud entre los glifos y el estilo de escritura. Otros piensan que los mayas desarrollaron su sistema de escritura por su cuenta. Una de las razones es que los primeros indicios de la protoescritura maya datan de alrededor del año 400 a. C., una época en la que la civilización olmeca estaba cerca de su fin. Y, los primeros guiones reconocibles datan de alrededor del 50 a. C., cuando los olmecas ya habían desaparecido. Sin embargo, incluso si la última teoría es correcta, es probable que los olmecas al menos influyeran ligeramente en la escritura maya. Sea cual sea la verdad, hoy podemos decir con certeza que el sistema de escritura maya era una mezcla de una escritura fonética y una escritura logística. Esto significa que ciertos glifos representan sílabas compuestas por una consonante y una vocal, que combinadas entre sí podrían deletrear cualquier palabra. Mientras que otros glifos representaban por sí mismos la palabra completa. Hoy en día la mayoría de estos glifos han sido traducidos, y constantemente se hacen nuevos descubrimientos. Gracias a este importante trabajo, los historiadores pueden ahora descifrar y traducir casi todos los textos mayas.

Páginas de uno de los códices mayas. Fuente: ***https://commons.wikimedia.org***

El texto no se escribió solo en libros, sino en casi cualquier cosa; desde muros y monumentos hasta una variedad de cerámicas, celtas y herramientas de piedra. En objetos y paredes más grandes, contaban una historia, transmitían un mensaje complejo sobre los logros del rey o los detalles de un determinado ritual. En objetos más pequeños, como jarras o jarrones, eran simples etiquetas que marcaban a su creador o a su dueño. Incluso se encontraban en mercados permanentes, marcando áreas o puestos con el tipo de productos que se vendían allí. Este uso generalizado de la escritura, especialmente en objetos no relacionados con la realeza y la élite, planteó una cuestión de alfabetización general entre los mayas de antes de la conquista. Por supuesto, no hay manera de estar exactamente seguro, pero algunos historiadores sostienen que la alfabetización, por lo menos una básica, estaba bastante extendida entre toda la gente. De lo contrario, no tendría sentido escribir sobre objetos y lugares comunes. La alfabetización completa, sin embargo, se limitaba a las clases más altas con sus escribas especialmente capacitados, dado que había unos 800 glifos, de los cuales unos 500 eran de uso común. Pero, mientras los españoles libraban su guerra cultural contra los mayas, encontraron una forma de salvar al menos parte de su legado, mitología y tradiciones. Esto fue para que los mayas aprendieran a usar el alfabeto latino y luego transcribieran algunas de sus obras originales. Este tipo de libros no siempre fueron vistos como malvados por el clero español, y algunos lograron sobrevivir, aunque es razonable suponer que los europeos desalentaron a los mayas de sus esfuerzos de preservación. El ejemplo más famoso de la literatura maya transcrita al latín es el Popol Vuh, que probablemente fue escrito en la segunda mitad del siglo XVI.

Los logros intelectuales y culturales de los mayas no terminaron con la escritura. También eran magníficos astrónomos, que probablemente comenzaron a mirar las estrellas para poder alabar a sus dioses. Es precisamente por esto que algunos de los edificios comunes en todas las grandes ciudades mayas eran observatorios. Después de un tiempo, los observadores mayas comenzaron a observar ciertos patrones, anotándolos con una enorme precisión. Con nada más que sus ojos desnudos, cuerdas y palos calcularon que la revolución de Venus alrededor del Sol tomó 584 días. Los astrónomos de hoy en día la midieron en exactamente 583,92 días, lo que hace que el margen de error de los mayas sea de aproximadamente 0,01%. Por supuesto, también rastrearon los movimientos de otros cuerpos celestes, lo que se usó para alinear edificios importantes, como templos o palacios, con la posición del Sol en el horizonte en los solsticios y equinoccios, así como con los pasajes cenitales. Pero más comúnmente, esos movimientos y posiciones de los cuerpos celestes se usaban para adivinar y predecir el futuro. Así que, en cierto modo, los observadores del cielo maya eran una mezcla de astrólogos y astrónomos. Un ejemplo de esto es mirar la posición de Venus antes de ir a la guerra, ya que se consideraba que luchar sin ese planeta en el cielo nocturno enojaría a los dioses y traería mala suerte. Yendo más allá, también crearon su propio zodíaco, dividiendo el cielo en secciones y constelaciones. Es probable que lo utilizaran como todas las sociedades antiguas, y como se sigue utilizando hoy en día, para predecir fortunas y eventos futuros. Sin embargo, se desconocen los detalles exactos del número y la posición de las constelaciones mayas, sus signos celestes y su posición en el cielo nocturno, y están en constante debate entre los expertos.

Gracias a su capacidad de rastrear los ciclos de los cielos nocturnos, así como otras observaciones en la naturaleza, los mayas pudieron convertirse en excelentes cronometradores. Para ello, utilizaron un intrincado sistema que combinaba tres calendarios diferentes. Pero este sistema no debe ser visto como una creación pura de los mayas. Casi todas las naciones mesoamericanas lo usaban, y probablemente se originó en los olmecas, aunque eso no ha sido probado de manera concluyente. Por lo tanto, frases como "el calendario maya" no son correctas, y deberían ser sustituidas por "el calendario mesoamericano". El más corto de los tres calendarios que los mayas usaban se llamaba el Tzolk'in, y tenía 260 días de duración, divididos en 13 "meses" que numeraban 20 días. Los investigadores no pudieron encontrar ningún significado astronómico para este periodo de tiempo, pero se ha sugerido que estaba relacionado con el periodo de embarazo humano, que suele durar unos 266 días. Esta conexión todavía es utilizada por las mujeres mayas actuales. Otro posible vínculo es el cultivo del maíz, lo que da un tiempo aproximado de cuándo sembrar y cosechar este importante cultivo. Pero, su uso principal parece ser para la adivinación y la adivinación de la suerte. Hay pruebas de ello en los códices mayas, que contienen almanaques de Tzolk'in. Estos fueron usados por los adivinos para guiar a los gobernantes antes de tomar decisiones importantes. Hoy en día, los mayas todavía lo utilizan para elegir una fecha para una boda o un viaje de negocios, por lo que no es improbable que los plebeyos en el pasado hicieran lo mismo.

Menos religioso, pero más práctico, sería el segundo calendario que usaban los mayas llamado el Haab'. Este calendario tenía 365 días de largo, coincidiendo con un año solar. Estaba dividido en 18 meses de 20 días, con cinco días extra añadidos al final. Debido a su estructura, los eruditos hoy en día lo llaman el calendario del año vago. El uso principal de Haab' era para la agricultura, ya que el nombre de los meses sugiere una división estacional del calendario. Se agruparon los meses de agua y los secos, así como los meses de la tierra y los meses del maíz. Los 5 días añadidos al final de cada año se llamaban Wayeb' y se consideraban de muy mala suerte en toda Mesoamérica. Se creía que, durante estos cinco días, las conexiones entre el inframundo y los reinos de los mortales se incrementaban. Nada impedía que los dioses u otras criaturas vinieran al mundo y causaran muerte y destrucción. Por eso, durante estos días, los mayas realizaban diversos rituales para evitar la destrucción de su mundo y asegurar la llegada del nuevo año.

El uso de dos calendarios bastante diferentes podría haber confundido a los mayas, por lo que encontraron una manera de evitarlo. Crearon la llamada fecha redonda del calendario, combinando ambas fechas, la de Tzolk'in y la de Haab'. Esa fecha se repetiría después de 52 Haab' o 72 años Tzolk'in, haciendo una sola ronda del calendario. Pero aún quedaba un problema más con esos dos calendarios, y es el de medir los largos períodos de tiempo, ya que se hizo posible confundir fechas específicas dentro de diferentes rondas de calendario. Esto puede compararse con la forma en que a veces escribimos nuestras fechas, por ejemplo "5.3.18". Al escribir la fecha de esta manera, podríamos estar refiriéndonos al 3 de mayo de 2018 o al 3 de mayo de 1918. Para evitar esa confusión, los mayas usaban el calendario cíclico mesoamericano de cuentas largas, que a menudo se denomina erróneamente el calendario maya. La base de este calendario era el Haab', con ciclos que comenzaban desde un día (k'in), pasando por un mes (winal) de 20 días, hasta un año (tun) compuesto por 18 winals. Un tun era de 360 días y no incluía los desafortunados 5 Wayeb', que no se contaban como una verdadera parte del año. Los ciclos continúan, siendo el ciclo k'atun de 20 tun, o años, largo, siguiendo con el ciclo b'ak'tun que dura 20 k'atuns, o unos 394 años. La escala continúa, con cada nuevo ciclo que dura 20 veces más que el anterior. El último, el noveno ciclo llamado alautun dura un poco más de 63 mil años. Los mismos mayas generalmente se detenían en b'ak'tun cuando inscribían sus fechas. Por eso sus fechas de Cuenta Larga están marcadas por series de 9 números, con el primero representando b'ak'tun y el último representando k'in. Los estudiosos modernos anotan estas fechas de la misma manera, por ejemplo, el 22 de enero del año 771 d. C., se anotaría 9.17.0.0.0, con cada número representando un solo ciclo.

Esos ciclos se están contando a partir de la creación mitológica maya del mundo que, transcrita al calendario gregoriano, está fechada en el 11 de agosto del año 3114 a. C. Y, de manera similar al final del ciclo de Haab', los mayas reverenciaban todos los demás ciclos importantes. La mala interpretación de la naturaleza de las tradiciones mayas y la naturaleza del calendario de la Cuenta Larga llevó al ahora infame frenesí mediático del "fin del mundo" de 2012. De acuerdo con algún texto maya, el mundo que estamos viviendo actualmente es en realidad la cuarta iteración, con las tres anteriores terminando después de 13 b'ak'tuns. Y el 21 de diciembre de 2012 d. C., el 13 b'ak'tun del 3114 a. C., estaba llegando a su fin. Esto llevó a algunas personas a interpretar esto como la profecía maya de que el mundo terminaría en esa fecha, aunque esto no se mencionó explícitamente. Es posible que los antiguos mayas hayan visto esta fecha como religiosamente importante, pero no hay signos claros que la vean necesariamente como un comienzo del apocalipsis. Es más probable que para ellos esa fecha fuera solo otro fin de ciclo en su calendario. Probablemente habrían realizado un ritual o una ceremonia para rezar a los dioses por la buena fortuna en el nuevo ciclo. La naturaleza cíclica de sus calendarios influyó en la forma en que los mayas pensaban sobre la historia y la naturaleza que los rodeaba. Todo tenía su principio y su fin; nada era permanente. Y todo se repetía.

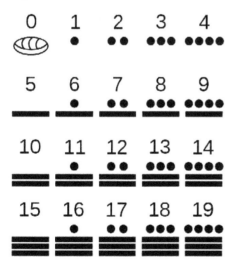

Ejemplo de números mayas. Fuente: https://commons.wikimedia.org

Uno de los conceptos significativos en los tres calendarios que usaban los mayas era el uso del número 20, con meses de 20 días de duración, y en los ciclos del calendario de Cuenta Larga también se basaba en el 20, con la excepción de que esta regla era una túnica hecha de 18 victorias. Esto puede parecer extraño para la mayoría de la gente hoy en día ya que nuestro sistema numérico es el sistema numérico decimal posicional, lo que significa que se basa en el número 10. Pero los mayas, así como la mayoría de los mesoamericanos, usaban el sistema numérico posicional vigesimal, basado en el número 20. Los mayas sólo tenían tres símbolos numéricos. El punto representaba el número 1, la barra horizontal era el 5, y el glifo de concha representaba el 0. Con esos tres escribían cualquier número del 0 al 19. Por ejemplo, 16 sería tres barras apiladas una encima de la otra con un solo punto sobre todas ellas. Y si los mayas querían ir por encima de eso, agregaban otra línea por encima, lo que significaría que los números en esa línea serían multiplicados por 20. Por ejemplo, 55 se escribiría con dos puntos en la línea superior, lo que representaría 2x20, y en la línea inferior serían tres barras, que serían 15. Y los mayas podían sumar líneas tanto como quisieran, multiplicando cada línea una vez más por 20. Así, la tercera línea se multiplicaría por 400 y la cuarta por 8000.

Aunque este sistema de base 20 es interesante, más importante es el uso de cero en Maya. Similar tanto al sistema calendario como al numérico, el glifo de concha 0 también se usaba en toda Mesoamérica, y los orígenes exactos del glifo siguen siendo un misterio. Algunos piensan que fue creado por los olmecas, mientras que otros lo atribuyen a los mayas, pero también puede ser de alguna otra civilización mesoamericana que prosperó en los últimos milenios a. C. El glifo de concha fue detectado por primera vez en el conteo largo que data del siglo I a. C., donde era un marcador de posición que representaba la ausencia de un conteo calórico particular, pero es probable que haya sido creado antes de eso. En el siglo IV a. C., había evolucionado hasta convertirse en un número propio que se utilizaba para realizar cálculos. Y se usaba para escribir números; por ejemplo, 40 sería dos puntos en la segunda línea, y un glifo de concha en la parte inferior. Hoy en día este sistema suena confuso y parece que requiere mucha matemática para ser usado, pero en realidad, era bastante práctico. Las fuentes nos dicen que los mercaderes mayas, usando granos o habas fácilmente transportables como marcadores de posición, podían escribir y calcular grandes cantidades, haciendo su sistema bastante eficiente. Esto parece ser especialmente así cuando se compara con los sistemas alfabéticos de los antiguos griegos y romanos. Y es otra señal de lo avanzada y capaz que era la civilización maya, a pesar de que durante mucho tiempo se la consideró bárbara.

Capítulo 9 - La religión y los rituales en la sociedad maya

La religión jugó un papel importante en casi todas las sociedades antiguas; los mayas no fueron una excepción. Permeaba cada parte de la vida, desde los problemas cotidianos y las esperanzas de los plebeyos, hasta los asuntos de comercio, agricultura y economía, y los asuntos de estado de las guerras y el culto a los gobernantes. Todo fue guiado e influenciado por los presagios y predicciones tanto del futuro como del pasado, enraizados en las creencias religiosas de los mayas. Por eso los hombres de fe eran una parte importante de su sociedad. El primer tipo de estos hombres santos que apareció en la sociedad maya fueron los chamanes. Sus orígenes se pueden rastrear a la sociedad pre-civilizada de los antepasados mayas. Ellos jugaron un papel crucial en el establecimiento de los fundamentos de los calendarios y el orden mundial a través de su seguimiento de la naturaleza y las estrellas. Utilizaron ese tipo de conocimiento para predecir las lluvias, un tiempo adecuado para planificar las cosechas, curar enfermedades con hierbas y, por supuesto, realizar rituales de adivinación. Además, los chamanes de aquellos tiempos representaban el vínculo con los antepasados, así como con los dioses. Tenían una cantidad decente de poder y prestigio en ese momento. Pero con la creciente complejidad de la civilización maya en formación, la mayoría de esos primeros chamanes comenzaron a transformarse en la clase de élite de especialistas religiosos de tiempo completo que ahora llamamos sacerdotes. Sin embargo, el papel de los chamanes no se extinguió del todo, ya que muchos plebeyos asumieron ese llamado en sus comunidades locales. Desempeñaban papeles similares a los de antes, pero su alcance era sólo a nivel local, atendiendo a la necesidad de sus semejantes.

En contraste con los chamanes, los sacerdotes, ahora miembros de la nobleza, eran responsables del bienestar religioso de todo el estado. Administraban los calendarios, la adivinación para los asuntos más importantes del estado, los libros sobre el pasado y el futuro, y los rituales y ceremonias públicas. Todas esas actividades y responsabilidades estaban vinculadas con la prosperidad y el éxito tanto del gobernante como de todo el estado. Con esa clase de poder e importancia, los sacerdotes ganaron un poder político y social sustancial. Y como el número de cargos políticos y gubernamentales era limitado, muchos de la élite más joven y de los niños reales veían esas funciones como una forma de mantenerse cerca del estatus en el que habían nacido. Pero ser de ascendencia noble no era suficiente para convertirse en sacerdote, ya que todos los nuevos acólitos tenían que pasar por un período de aprendizaje y formación para convertirse en sacerdotes plenamente comprometidos. Luego se ponían sus elaboradas e impresionantes vestimentas y, a través de los muchos rituales públicos que llevaban a cabo, inspiraban asombro, admiración y, en última instancia, obediencia de las masas tanto al estado como, más aún, al rey. Al mismo tiempo, aconsejaban a sus gobernantes, ayudándoles a elegir un camino y a conducir sus políticas hacia el futuro.

Sin embargo, la importancia de los sacerdotes en los asuntos religiosos se vio ensombrecida por nada menos que el rey al que aconsejaban. El gobernante era también el sumo sacerdote, no solo encargado de proteger a sus súbditos de los daños del mundo material, sino también del sufrimiento causado por el reino de los espíritus. También realizaba varios rituales y actos de adivinación, en un intento de apaciguar a los dioses, asegurar el éxito de su estado y, en última instancia, mantener el orden en el universo. Como se ha dicho en capítulos anteriores, esta conjetura de poder religioso y político llevó a la formación del culto al gobernante, lo que llevó a muchos a referirse a los gobernantes mayas como los reyes chamanes. Para enfatizar este aspecto religioso del gobierno real, los gobernantes usaban túnicas con símbolos de varias deidades, portaban cetro y usaban tocados que estaban vinculados con algunos de los dioses. Yendo aún más lejos, afirmaban ser divinos, ya sea como descendientes directos de los dioses, o al menos su voz en la tierra. Los gobernantes también se representaban a sí mismos como seres en el centro del universo, conectando todas las planicies mundanas, en un intento de equilibrar sus fuerzas. En última instancia, es a través del gobernante y los rituales que realizaba que los poderes sobrenaturales se fusionaban con las actividades y la vida de los humanos, mientras que al mismo tiempo vinculaban la religión y la política con un vínculo inquebrantable.

Figura de un sacerdote maya. Fuente: https://commons.wikimedia.org

Para los mayas, el vínculo de las llanuras sobrenaturales y el mundo material también existía en la naturaleza. Lo más potente eran las montañas y las cuevas, ya que contenían portales mágicos a lugares de otro mundo. Las montañas solían estar conectadas a los dioses y al reino de los cielos, representaban el bien, la potencia y se consideraban el origen del maíz. Por otro lado, las cuevas tenían un papel más dual en la religión. Como conducían al interior de las montañas sagradas, también se consideraban como lugares de posible fertilidad potente. Al mismo tiempo, eran portales al inframundo, lo que las convertía en lugares bastante peligrosos. En Yucatán, los cenotes jugaban un papel similar al de las cuevas y eran considerados como sagrados, con las diversas ofrendas que se dejaban caer en ellos. Para cosechar los poderes sobrenaturales de los lugares y transportarlos a sus ciudades los mayas construyeron templos piramidales, ahora uno de los aspectos más famosos de su civilización. Por supuesto, la pirámide representaba la montaña. Pero en algunos casos, había ciertas cámaras dentro de las pirámides que representaban las cuevas. En una de las pirámides esa cámara era una cueva real sobre la que se construyó el templo. Y en la cima de la pirámide, los mayas construyeron lo que es el verdadero templo, la casa del dios, como la llamaron. Fue allí donde los reyes y sacerdotes se conectaron lo más directamente posible con los dioses y su reino. Por supuesto, no todos los templos se construyeron sobre las pirámides, especialmente en las ciudades y pueblos más pequeños. Allí se asemejaban más a las casas, representando más la conexión con los antepasados. Y eran vistos como menos potentes sobrenaturalmente. Los mayas también construyeron pequeños santuarios, a veces incluso en las mismas montañas que alababan.

Por supuesto, como los templos piramidales representaban el lugar más potente para establecer conexiones con los dioses, se usaban para ceremonias públicas centrales. Podían ser eventos de un solo día, o grandes celebraciones que duraban varias noches y días. En ese tipo de ceremonias, habría varios cientos o incluso miles de personas involucradas, muy probablemente en las plazas abiertas que se construían frente a los templos. Las ceremonias eran dirigidas por los reyes y sacerdotes, vestidos para representar a los dioses, posiblemente incluso asumiendo sus identidades en estado de éxtasis religioso. Realizaban rituales de conducción de la ceremonia, en un intento de conectarse con las fuerzas sobrenaturales, mientras que la gente común tocaba música, bailaba, festejaba y bebía. Pero no todas las ceremonias eran asuntos de estado. Había toda una gama de ceremonias que involucraban a los plebeyos y a las aldeas locales. Sin embargo, todas estas ceremonias, a pesar de ser pequeñas, seguían un patrón similar. La comunidad se reunía, comía y bebía junta, y bailaba mientras el chamán, vestido con símbolos de los dioses, trataba de comunicarse con los dioses y los antepasados.

Pero no importa a qué nivel se celebren esas ceremonias, tienen que llevarse a cabo de la manera correcta. Primero había que encontrar la fecha correcta a través de métodos de adivinación, luego los que dirigían las ceremonias, si no todos los involucrados, soportaban varios días de abstinencia y ayuno, simbolizando la purificación espiritual. Y la mayoría de las ceremonias incluían rituales similares, más comúnmente alguna forma de adivinación, expulsando las fuerzas malignas, danzas y música, y ofrendas a los dioses en diversas formas de sacrificios, derramamiento de sangre, alimentos o materiales preciosos. Todos esos rituales solían ir acompañados de la quema de incienso, cuyo humo se suponía que transmitía más directamente el mensaje o la súplica a los dioses del cielo. También era común que tanto los chamanes como los sacerdotes y reyes consumieran diversas sustancias alucinógenas para inducir un estado de trance. La población más común y los chamanes locales utilizaban para este fin bebidas alcohólicas fuertes y tabaco silvestre, que era más potente que el tabaco que se fuma hoy en día, mientras que los sacerdotes "profesionales" de alto rango consumían diversos hongos, que eran alucinógenos más fuertes y contenían más sustancias psicoactivas. Todas las alucinaciones y otro tipo de experiencias que los hombres de fe percibían durante esos estados alterados eran concebidas como comunicación con los dioses. Esos mensajes sobrenaturales eran ya sea predicciones del futuro o posibles soluciones y respuestas a las preguntas y problemas que se les pedía a los dioses.

En ciertos casos, se requería que la ropa y los objetos utilizados en una ceremonia fueran nuevos y no usados. Para esas ceremonias particulares, todos los artículos fueron hechos especialmente. También era importante el agua, que se utilizaba comúnmente en muchos rituales. Pero para los rituales que permitían el uso de objetos, ropa y otros equipos ya usados, los artículos todavía tenían que ser purificados con el humo del incienso. Si la ceremonia era de gran importancia, los santos mayas recogían agua fresca "virgen" de las cuevas para ser usada. Otra parte importante de todas las ceremonias importantes era la música. De los hallazgos arqueológicos, es obvio que los instrumentos de percusión eran más comunes con varios tambores de madera, tambores de concha de tortuga, sonajeros de calabaza y escofinas de hueso. También había flautas de madera o barro, ocarinas, trompetas de concha y silbatos. La música era vital para la procesión de apertura de los sacerdotes que normalmente iniciaban las ceremonias, pero también para puntuar las partes y pasos importantes del ritual. Es probable que los mayas sintieran que la música agradaba a los dioses, facilitando el éxito de la ceremonia. Y por supuesto, la música era crucial para acompañar las danzas rituales realizadas durante la ceremonia.

Sin duda para los mayas, esos bailes no eran entretenimiento, sino una seria práctica religiosa. Los danzantes se vestían como los dioses con los que trataban de conectarse, recreando escenas importantes de su mitología. Sentían que casi se convertían en la deidad en cuestión, además de reunir la fuerza vital que estaba en la naturaleza que les rodeaba, la cual era necesaria para la interacción entre los reinos. Además de la ropa incrustada con símbolos religiosos, los danzantes también llevaban comúnmente cetro, estandartes, bastones, lanzas, sonajeros e incluso serpientes vivas. El arte maya muestra que los danzantes rituales eran, entre otros, reyes, sacerdotes, nobles e incluso guerreros. Pero también es probable que los chamanes locales bailaran durante sus rituales mientras intentaban conectarse con las fuerzas sobrenaturales. Por supuesto, las danzas diferían, ya que estaban específicamente adaptadas para una determinada ceremonia y alcanzaban un determinado objetivo. Además, algunas de esas danzas se realizaban antes de las batallas, rezando por la buena fortuna y la victoria. Los bailes se realizaban normalmente con más de un bailarín. En algunos casos, una persona dirigía el baile o jugaba un papel central. También, en algunas tallas, hay bailarinas representadas, pero parece que no eran tan comunes como los hombres. Pero los rituales, por muy intrincados y bien pensados que fueran, no iban a complacer a los dioses sin la adición de ofrendas.

Un mural de músicos mayas durante una ceremonia. Fuente:
https://commons.wikimedia.org

Las ofrendas rituales a los dioses variaban según la importancia y la urgencia del ritual. Para las ceremonias y oraciones menos importantes y más comunes, bastaría con artículos menos preciosos y simbólicos, como lo demuestran las ofrendas que se encuentran en el cenote sagrado de Chichén Itzá. Pero los mayas creían que lo que los dioses realmente anhelaban era más de la fuerza de la vida. Por lo tanto, más a menudo ofrecían comida. Las más bajas en esa escala eran las ofrendas de plantas, ya que se consideraba que la "sangre" de las plantas era potente. Y a medida que crecía la importancia, también lo hacían el poder y el tamaño del ser que se sacrificaba, y cuya sangre debía ser ofrecida. Por ejemplo, en una ceremonia de una aldea local hecha por un chamán común, una ofrenda de un pájaro o un pequeño mono sería suficiente. Para una ceremonia estatal más grande dirigida por un sacerdote es más probable que sacrificaran un ciervo, o incluso varios. Sin embargo, no importa cuán grande y poderoso fuera el animal, la sangre humana era vista como la ofrenda más potente que se podía hacer. Esto lo hacían los mayas de todas las clases, pero de nuevo, cuando lo hacían los miembros de la élite, lo hacían más comúnmente por el bienestar de todo el estado y su población. La fuente más común de la sangre era la mano, pero hay representaciones de otras partes del cuerpo que sirven como fuente, como la lengua o una mejilla. También hay evidencia de que en algunos rituales los reyes sacaban sangre de sus penes, muy probablemente en un intento de rezar por el aumento de la fertilidad. La sangre, sin importar su origen, era comúnmente empapada con papel de corteza y quemada o untada en los ídolos que representaban a los dioses.

Pero no importa cuán potente sea la sangre del derramamiento de sangre auto infligido, no siempre fue suficiente. Por eso los mayas practicaban el sacrificio humano, lo que se convirtió en uno de los hechos más notorios y conocidos de su civilización y religión, y otra razón más por la que fueron vistos como salvajes durante mucho tiempo. Pero para los mayas, era una extensión lógica de la ofrenda a los dioses, ya que no había nada más poderoso que una vida humana entera. Era el último sacrificio. De ninguna manera era un evento cotidiano; solo se usaba en ocasiones especiales como la coronación de un nuevo rey, para bendecir su reinado y conectarlo con los dioses, o cuando se necesitaba dedicar un templo recién construido.

Los sacrificios humanos también se usaban en tiempos de gran peligro y problemas, ya sea de sequía, hambruna, brotes de enfermedades, o una gran y peligrosa guerra. Las víctimas más comunes eran miembros de la élite enemiga capturados durante las guerras, ya que la captura de prisioneros era uno de los principales objetivos de la guerra maya. Menos a menudo los cautivos sacrificados eran de las clases bajas, y aún más raro era un rey enemigo. Pero en algunos casos extremos no había ningún prisionero para ser sacrificado, así que se utilizaba a la población local, aunque lo más probable era que empezara desde los plebeyos, y luego posiblemente llegara hasta las élites si nada más ayudaba. Y en estos casos, no queda claro si las víctimas se ofrecieron voluntariamente o si fueron escogidas a la fuerza, o si fue una mezcla de ambas cosas. Y como la mayoría de las víctimas eran cautivos de guerra, los hombres eran más comúnmente sacrificados, pero hay alguna evidencia de que tanto las mujeres como los niños eran ofrecidos a los dioses también.

Aunque probablemente la forma más temprana y común de ejecutar a la víctima fue una simple decapitación, más tarde los sacrificios mayas se volvieron más espantosos y sangrientos. Ataban a los cautivos a los postes y los destripaban o los ejecutaban con una ráfaga de flechas. En períodos posteriores, por influencia del centro de México, comenzaron a cortar los corazones aún latentes de las víctimas, ofreciendo el núcleo mismo de la vida humana a los dioses. En Chichén Itzá, durante el Posclásico, comenzaron a realizar sacrificios en los que los prisioneros eran arrojados a su cenote sagrado. Las víctimas eran asesinadas por la caída de 20m (65 pies) o por ahogamiento, tal vez agobiadas por las piedras. También, durante esos períodos posteriores, otra práctica fue importada de la región central de México. Los mayas comenzaron a pintar a sus víctimas con el color azul de los sacrificios. Finalmente, el famoso juego de pelota mesoamericano, que se jugaba en canchas especialmente diseñadas, también se usaba para realizar sacrificios humanos. Los detalles exactos del juego, su propósito y uso están bajo constante debate por los historiadores, pero es claro que al menos parte de él estaba ligado a la religión. Algunos piensan que los equipos que jugaban entre sí, en un juego en el que el objetivo era empujar la pelota a través de un aro sin utilizar las piernas y los brazos, en realidad recreaban famosas batallas tanto de la historia como de la mitología. También se sugiere que los movimientos del juego representaban los movimientos del sol y la luna, mientras que la cancha misma era vista como la representación del inframundo o incluso la puerta de entrada a él.

Un jarrón maya que representa el sacrificio humano. Fuente: https://commons.wikimedia.org

Se sugiere que el equipo perdedor, o al menos su capitán, fue sacrificado a los dioses cuando el juego terminó. Eso llevó a los investigadores a concluir que los jugadores eran muy probablemente, al igual que otras víctimas, cautivos. Sin embargo, algunas pruebas, sobre todo el equipo representado en algunas tallas, sugieren que esto no siempre puede ser el caso. También es posible que personas libres se ofrecieran voluntariamente para el juego, sabiendo que podrían terminar siendo sacrificadas, ya sea por sus creencias religiosas o más simplemente en un intento de probarse a sí mismas y ascender en la escala social. Pero hay que señalar que el juego de pelota no fue un evento puramente religioso. También contiene ciertos elementos de entretenimiento y competencia. Algunos historiadores también sugirieron que podría haber sido utilizado para resolver disputas entre varias comunidades que eran parte de la misma política. Cualquiera que sea la verdad, una cosa era cierta, sacrificio o no, todos eventualmente mueren, y la muerte era una parte importante de la religión maya. Por eso los rituales de entierro se han considerado bastante importantes. La práctica común, sin importar la clase social, era poner maíz o una cuenta de jade en la boca del difunto, representando la vida misma. Junto al cuerpo se ponían varias efigies, así como un objeto que representaba la vida de esa persona, por ejemplo, un libro para un sacerdote. Por supuesto, si el difunto era más importante y rico, también se le enterraba con varios otros tesoros, incluso algunos hombres sacrificados, posiblemente para actuar como sirvientes en la otra vida.

Otra práctica común era esperar un par de días antes del entierro, para que el alma tuviera la oportunidad de dejar el cuerpo y continuar su viaje. Los lugares reales donde se enterraba a los muertos diferían tanto del período de tiempo como, por supuesto, de la clase de la que procedía el difunto. Los plebeyos eran enterrados en sus propias fincas, en tumbas familiares o eran dejados en cuevas. Algunas pruebas también llevan a la conclusión de que existían ciertos "cementerios" o terrenos de enterramiento en las afueras de las grandes ciudades, donde se enterraba a los plebeyos. Los miembros de la élite y las familias reales eran enterrados en tumbas más elaboradas, y algunos de los gobernantes importantes eran enterrados en templos, en los centros de las ciudades, para que pudieran ser reverenciados como antepasados poderosos. Incluso las tumbas de los plebeyos eran visitadas por sus descendientes en ciertas fechas, quienes quemaban incienso y les rezaban con la esperanza de recibir orientación. Este es un ejemplo más de la admiración que los mayas sentían por sus antepasados, que era una parte importante de su religión. Y de este capítulo, es obvio que la religión maya era en realidad un sistema complejo de rituales, ceremonias y creencias que guiaban sus vidas diariamente. Esa intrincada matriz de ideas religiosas, sin importar cuán sangrienta o bárbara pueda parecer desde nuestro punto de vista moderno, es otro ejemplo más de la complejidad y el avance de la civilización maya.

Capítulo 10 - Mitos, leyendas y los dioses de los mayas

La religión maya era politeísta con un intrincado y rico folclore de varios mitos, leyendas e historias. Considerando lo importante y complejo de sus prácticas y rituales religiosos, esto no debería ser una gran sorpresa. Los mayas usaban estos mitos para explicar y describir el mundo que les rodeaba, para establecer ciertas pautas en la vida, para dar a su universo algún significado. Y para poder entender tanto su religión como su sociedad, uno debería primero entender cómo se dividía su universo. Verticalmente se dividió en tres reinos. Primero fue el Mundo Superior (Kan), el reino del cielo donde vivían muchos de los dioses y donde se desarrollaban la mayoría de sus acciones. De acuerdo con algunas pruebas, este reino se dividió a su vez en 13 niveles ascendentes, y también puede haber tenido un papel similar al del Paraíso de la Cristiandad, en el que se admitían directamente a los guerreros que caían en la batalla y a las mujeres que morían durante el parto. El segundo reino fue el Inframundo (Xibalba), que era un lugar subterráneo que también estaba lleno de dioses y otras criaturas sobrenaturales. Se imaginaba como un lugar acuático, que era a la vez el reino espantoso de la enfermedad y la decadencia, y fuente de grandes poderes generativos y de fertilidad. Se dividió en 9 capas, y aquí se envió a la gente que murió de forma pacífica.

Entre esos dos reinos estaba la Tierra (Kab), el mundo material en el que vivían los mayas. Parece que creían que el Mundo Medio, como también se le llama, era el lomo de algún tipo de reptil, ya sea tortuga o caimán, que nadaba en el mar primordial, lo que explicaba la naturaleza acuática del Inframundo. Este reino estaba dividido horizontalmente en 5 direcciones del mundo. El Este era la dirección en la que renacía el Sol, y su color era rojo. El Oeste era donde el Sol moría, y como tal era la dirección del Inframundo, o más bien su entrada, representada con el negro. El Norte representaba el mediodía y el cielo, un lugar de los antepasados, y su color era blanco. El Sur era la dirección donde el Sol no era visible ya que allí, probablemente en el mismo Inframundo, se luchaba contra los señores de Xibalba para poder nacer de nuevo. El color del sur era amarillo. Y el centro se consideraba la quinta "dirección", ya que era el eje central del universo, donde el Árbol Sagrado del Mundo conectaba los tres reinos, compartiendo su energía espiritual y permitiendo el transporte de las almas y los dioses entre ellos. Estaba simbolizado por la cruz. Y cuando los gobernantes querían representarse a sí mismos como el centro del universo, se adornaban con símbolos del Árbol del Mundo, enfatizando su papel como conectores de los reinos, directamente vinculados a los dioses.

Pero la cuestión de los dioses en el panteón maya es bastante complicada. Hasta ahora, los investigadores han señalado unos 250 nombres de deidades mayas, pero no creen que todos ellos fueran dioses separados y distintos. A diferencia de la mayoría de los panteones occidentales, donde los dioses son bastante distintos y singulares, las deidades mayas eran mucho más fluidas. Un dios maya podía manifestar diferentes aspectos de su poder y naturaleza, y para cada manifestación, se le nombraba y representaba de forma diferente. Algunos de los dioses existían en forma cuatripartita, correspondiendo cada manifestación con cuatro direcciones y colores del mundo. Otros existían en formas duales que representaban opuestos como el bien y el mal, o jóvenes y viejos. Sin embargo, en el núcleo de ambos casos, seguiría siendo una sola deidad. Por otro lado, muchos de los dioses, en esas manifestaciones, se superponían entre sí. Sus identidades, roles y funciones podrían ser mezcladas. Por eso la mayoría de los investigadores tienden a pensar que el panteón maya está hecho de grupos de dioses, no de deidades individuales. El hecho de que los mayas también creyeran que algunos dioses eran zoomórficos, capaces de convertirse en animales, o que combinaban elementos humanos y animales también añade otra capa de complejidad al panteón. Pero algunas de las deidades principales han sido identificadas y más claramente separadas unas de otras.

El dios maya Itzamná. Fuente: https://commons.wikimedia.org

Entre las deidades más importantes se encontraba Itzamná, que fue la que más se acercó a ser una deidad suprema de los mayas. Se le representaba como un anciano sabio, a menudo como un escriba, a veces con espejos de obsidiana negra utilizados para leer el pasado y el futuro. Era fundamentalmente un dios de la creación, jugando un papel importante en la creación. A Itzamná también se le atribuyó la invención de los libros, de ahí las representaciones de escribano. Como el Señor de los Dioses, presidía los cielos, tanto de noche como de día. Como tal, representando un aspecto de su fluidez, también se ha manifestado como la principal deidad de ave llamada Itzam-Ye o Vuqub Caquix. La importancia de Itzamná se subraya aún más con el hecho de que fue el patrón del día Ahaw, que era el día del rey en el calendario ritual Tzolk'in. También ha manifestado poderes de curación de enfermedades, dándole los atributos de una deidad de la medicina. Está casado con una de las diosas de la luna. El siguiente en la línea de importancia y poder fue el joven dios del sol, K'inich Ahaw (el señor con cara de sol). En algunos casos, él e Itzamná compartían una dualidad de viejo y joven, ya que K'inich Ahaw a veces parece una versión más joven del dios creador. Como dios del sol, representaba el ciclo del día y la energía solar que era vital para toda la vida natural, por lo que era bastante importante para los agricultores. Pero cuando el Sol bajaba al inframundo se transformaba en el dios Jaguar, quien a través de su batalla por el renacimiento se convertía en el patrón de la guerra también. Como tal, los reyes mayas a menudo se conectaban con él.

Otro dios que era importante para los agricultores era el dios de la lluvia y la tormenta llamado Chaac. Fue representado con varios rasgos reptiles y se dijo que vivía en lugares húmedos y mojados como cuevas. En su forma benévola, se le asociaba con dar la vida y la creación, ya que la agricultura y toda la vida dependía de las lluvias estacionales. Debido a su importancia, también fue importante para los reyes mayas que usaban sus símbolos para enfatizar su autoridad. El dios de la iluminación, K'awiil, también era importante para el culto de los gobernantes, y sus símbolos se grababan en los cetros reales. Y, como el maíz era la quintaesencia de la supervivencia maya, también tenían una deidad para eso. En el Popol Vuh es conocido como Hun Hunahpu. Tenía dos manifestaciones, como un dios del maíz viejo y joven, y en esencia, era un dios benevolente que representaba la abundancia, la prosperidad y, en última instancia, la vida. También es notable como un dios que murió y renació, y como el padre de los gemelos héroes. Sus nombres eran Hunahpu y Xbanalque, y jugaron un papel crucial en la creación del mundo actual.

En una versión abreviada y simplificada del mito de la creación, los dioses crearon tres mundos anteriores a la versión perfecta y actual, que entre otras cosas estaba llena de humanos hechos de la masa de maíz. Para hacer humanos, primero necesitaban liberar el maíz para que creciera en el Medio Mundo, lo cual no era posible ya que su padre, el Dios del Maíz, había sido asesinado en el Inframundo. Los gemelos héroes fueron invitados a Xibalba para participar en una serie de tareas y un juego de pelota creado por los dioses de la muerte. Una de las tareas importantes era sacrificarse y ser revividos, haciendo un acto heroico de auto-sacrificio, lo cual era importante para los rituales mayas. Al final, logran vencer a los dioses de la muerte y revivir a su padre, quien luego crece de un caparazón de tortuga al mundo medio. Al renacer, el maíz volvió a estar disponible en el Kab, y a partir del Kab los dioses finalmente crearon a los humanos. Este hecho es otra explicación religiosa para los sacrificios en el mundo maya. Si los humanos crecen y comen maíz, entonces es normal que el sustento de los dioses sean los humanos, que ellos crearon. Y como recompensa por sus hazañas, los Gemelos Héroes ascienden al cielo.

A pesar de su triunfo, al menos un dios de la muerte prevaleció. Su nombre es Kimi, y normalmente se le muestra como una figura esquelética o como un cadáver hinchado. Además de la muerte, también está relacionado con la guerra y todas sus consecuencias, incluyendo los sacrificios humanos. Los búhos también son vistos como la representación de la muerte, como viciosos depredadores nocturnos, y en algunos mitos, incluso son mensajeros de Kimi. Entre muchas deidades había dos dioses mercantes, aunque dos de ellos pueden estar relacionados o formar parte del mismo "complejo de deidades". Ambos se muestran portando paquetes de mercaderes, lo que indica comercio y riqueza. Uno de ellos, conocido como Ek Chuaj, es también un patrón del cacao, un importante recurso comercial y una forma de moneda. El otro dios mercantil, cuyo nombre aún no ha sido descifrado, se muestra con un cigarro en la boca, representando su conexión con los chamanes, y es considerado uno de los dioses más antiguos. Curiosamente ambos, además de la riqueza y el comercio, muestran signos de guerra y peligro. El dios mercantil más antiguo se muestra con atributos de un búho y un jaguar, ambos relacionados con la guerra y la muerte. Por otro lado, la conexión de Ek Chuaj es más clara, ya que se le muestra llevando una lanza. A través de estos símbolos, los mayas representaron los peligros que siguieron a una vida de comerciantes, que a menudo tuvieron que defenderse.

Cumpliendo con el papel que, a diferencia de los dioses mercantes, era más importante cosmológicamente, estaba un dios llamado Pawahtun. Era uno de los dioses que tenía forma cuadripartita, y cada una de sus manifestaciones tenía la tarea de sostener uno de los rincones del mundo. Pero a pesar de su seria tarea como portador del mundo, a menudo era representado borracho y en compañía de mujeres jóvenes. Aún más importante era un par de los llamados dioses Remeros, que son representados como remeros en una canoa. Al sentarse en los lados opuestos de la canoa, representan el día y la noche, mientras viajan por el cielo. Los investigadores modernos los llamaron Viejo Remero Jaguar y Viejo Remero Mantarraya, ya que están representados por esos animales. A veces se les representa viajando a través de las aguas del Inframundo, lo que puede indicar que tenían alguna conexión con el transporte del difunto a la otra vida. También se sugirió que los dioses Remeros también jugaron un papel en la creación del universo, pero más común fue su conexión con el ritual de sangría y sacrificio. Están representados en escenas de esos rituales, mientras que una de las partes más constantes de las imágenes de los dioses de los Remeros eran algunas de las herramientas utilizadas en las ceremonias de derramamiento de sangre.

No todas las deidades mayas eran masculinas. Un papel importante en su panteón lo desempeñaban dos diosas de la Luna, una joven y otra vieja, representando de nuevo la dualidad en las creencias mayas. La diosa más joven, a veces representada por una luna creciente y un conejo, tenía sus poderes y deberes divinos que se superponían con el dios del maíz, en forma de fertilidad y abundancia. Esto está probablemente conectado con el ciclo lunar, que era importante para determinar cuándo plantar los cultivos. Por eso algunos estudiosos la vincularon, o al menos una de sus manifestaciones, con la esposa del Hunahpu. Otros piensan que fue emparejada con el dios Sol, ya que el retrato de la madre de un gobernante a veces se representaba dentro de su símbolo, mientras que el signo solar se usaba para el padre. La diosa de la Luna más antigua, Ix Chel, también servía como deidad del arco iris, que era vista como la marca de los demonios, que conducía al Inframundo. Debido a este hecho, ella tenía una cierta dualidad de bien y mal dentro de ella. Cuando se conectaba con el arco iris estaba conectada a las tormentas, inundaciones, enfermedades y finalmente a la destrucción del mundo. Pero cuando estaba conectada con la luna, estaba asociada con el agua como fuente de vida. Entonces se vinculó con la creación, siendo la deidad patrona de la medicina y el parto, así como de la adivinación y el tejido. Como tal, estaba casada con Itzamná.

*La diosa maya Ix Chel. Fuente: **https://commons.wikimedia.org***

Hay otra deidad importante, que debe ser mencionada para enfatizar el hecho de que la religión, como todos los demás aspectos de la cultura maya, también fue influenciada por los contactos con otras civilizaciones mesoamericanas. Se trata de Kukulcán, o como lo llamarían los aztecas, Quetzalcóatl. Esta deidad, una famosa serpiente emplumada de las religiones mesoamericanas, existió desde los primeros días de los mayas. Y, puede haber sido originalmente el producto de la influencia olmeca. En esos primeros días, Kukulcán estaba más conectado con la guerra y la conquista. Pero con el contacto posterior con el centro de México, se conectó más con el aprendizaje y los comerciantes, mientras que también era una deidad patrona de los gobernantes. También sirvió como un dios del viento. Kukulcán llegó a ser prominente sólo en los periodos clásico y posclásico terminales, convirtiéndose en una de las deidades centrales en Chichén Itzá y Mayapán. Hoy en día se considera que esta reverencia compartida de la Serpiente Emplumada entre todos los mesoamericanos ayudó a facilitar el comercio entre personas de diferentes orígenes étnicos y sociales. Pero a pesar de los orígenes del pueblo, los mayas creían que cada ser humano vivo poseía varias almas. Este es otro ejemplo más de la pluralidad de la religión maya, para la cual los detalles exactos del número y la naturaleza son borrosos.

Se creía que las almas son eternas y que la moralidad residía en ellas. Se consideraba que la pérdida de una cierta cantidad de almas llevaba a la enfermedad, y los chamanes tenían la tarea de curar a los pacientes devolviendo las almas a la normalidad. Las almas jugaban una parte importante del chamanismo en otras formas. Por ejemplo, se creía que algunas de las almas estaban realmente vinculadas a los espíritus animales de compañía, lo cual era crucial para los chamanes y su conexión con la naturaleza. La muerte llegó sólo cuando todas las almas habían dejado el cuerpo. Algunas de las almas murieron junto con el cuerpo, otras viajaron a la otra vida. También se consideraba posible que ciertos tipos de almas renacieran en una nueva persona, posiblemente un futuro descendiente, creando así otro vínculo con los mayas y sus ancestros. Con almas complicadas y numerosas, es bastante difícil especificar exactamente en qué tipo de vida después de la muerte creían los mayas. Hay ciertas ideas de una vida después de la muerte, con posibles recompensas y castigos similares a los del cielo y el infierno cristianos. Al mismo tiempo, la idea de la reencarnación también existía. Para los reyes, la deificación también era una posibilidad. El concepto de una vida después de la muerte puede haber variado en las diferentes regiones del mundo maya, así como en todas las demás partes de la religión maya, lo que es una razón por la que los investigadores encuentran difícil de descifrar el cuadro completo sobre ella. La verdad es que, tanto a través del tiempo como del espacio, las creencias mayas cambiaron y tuvieron sus propias características únicas, con ciertos temas centrales que permanecieron iguales. Sin embargo, no se puede negar que fue otra parte de la civilización maya la que mostró lo elaborados y desarrollados que eran los mayas.

Capítulo 11 - La vida cotidiana de los mayas

Es común en todas las civilizaciones del mundo que los artistas y escritores a menudo centren su atención en las clases más altas: sus vidas, rituales y obligaciones. Y los historiadores, debido a la evidencia más sustancial, también tienden a dar más tiempo y esfuerzo en el aprendizaje de ellos. Es más, o menos lo mismo con los mayas, y hasta ahora en este libro, el enfoque principal ha sido en las castas superiores de la sociedad. Sin embargo, los plebeyos constituían alrededor del 90% de la población maya, y como tales son al menos igualmente importantes en la historia de la civilización maya. Este capítulo se centrará en la medida de lo posible en sus vidas, con sólo ocasionales retrocesos a la élite, sobre todo a modo de comparación. Una de las primeras preguntas importantes con respecto a los plebeyos era cuáles eran sus oficios. Hoy en día, se estima que alrededor del 75% de la población maya estaba involucrada en algún tipo de producción de alimentos. Los hombres se encargaban principalmente de la agricultura y la caza, mientras que las mujeres mantenían los huertos, rebuscaban alimentos y preparaban la comida. Es probable que en algunos casos las mujeres ayudaran a sus maridos en el campo. Sin embargo, los alimentos se producían durante todo el año y durante los descansos, los mayas tejían, trabajaban en las construcciones, hacían herramientas o incluso servían como guerreros. El otro 25%, incluyendo las élites, eran profesionales en diferentes artesanías. Eran alfareros, artistas, pintores, escultores, comerciantes, soldados, sacerdotes, canteros, joyeros, artesanos fabricantes de herramientas, funcionarios de gobierno y otros. Casi la mitad de estos no-agricultores eran miembros de las clases nobles, y tenían más trabajos socialmente deseados de sacerdotes, soldados, e incluso artistas y joyeros.

Una de las cosas que era común a todas las clases era la importancia de las familias. Esto fue demostrado notablemente por la nobleza, pero los plebeyos también prestaron mucha atención al linaje. La mayoría de los matrimonios parecen haber sido arreglados por un tercero, y estaba prohibido casarse con alguien que tuviera el mismo apellido, para evitar la mezcla dentro de la misma familia. Sin embargo, era socialmente deseable que ambos recién casados fueran de la misma ciudad y clase. Después del matrimonio, el marido y la mujer conservaban los apellidos de su madre y de su padre, para llevar la cuenta de su linaje. En los primeros años, la pareja vivía con la familia de la esposa, donde el marido trabajaba para "pagar" el precio de su mano. Luego se mudaron a la familia del marido donde construyeron su propia casa y hogar. Cabe señalar que la mayoría de los mayas eran monógamos, especialmente los plebeyos, y el divorcio era posible y aparentemente fácil de realizar. Las parejas casadas empezaron a tener hijos lo más pronto posible, con las mujeres rezando a Ix Chel por la fertilidad y un parto fácil. Los bebés, cuando nacían, eran amamantados el mayor tiempo posible, incluso hasta la edad de cinco años en algunos casos. Es a esa edad que pasaron por una ceremonia en la que se les vistió por primera vez y se convirtieron en una parte más funcional de la familia. A medida que crecían, pasando por la pubertad, pasaban por un ritual público que significaba que se convertían en adultos. Después de eso, normalmente esperaban a que se organizara un matrimonio para ellos. Durante este período de espera, se esperaba que las jóvenes se comportaran de manera casta y modesta. Por otro lado, los hombres eran más libres, y algunas evidencias señalan que pueden haber disfrutado de la compañía de prostitutas. Después de casarse, se esperaba que ambos miembros de la pareja permanecieran fieles.

La educación formal no existía, y se suponía que la familia debía enseñar a sus propios hijos. Los padres se encargaban de enseñarles las tareas domésticas tradicionales, las técnicas de cultivo y los fundamentos de la tradición y la religión. En los casos de habilidades y oficios más especializados, como la alfarería o el corte de piedra, aprendían y se formaban con los miembros de la familia extendida. En los casos de las élites, había algún tipo de educación formal y capacitación para oficios que requerían un conocimiento más esotérico de los rituales, la astronomía, la medicina y, por supuesto, la alfabetización. Es posible que existiera una especie de escuela para escribas, aunque también puede haber sido más bien un aprendizaje. Los padres también tenían la tarea de educar moralmente a sus hijos para que se convirtieran en partes funcionales de la sociedad maya. Esto era importante, ya que el castigo por los crímenes podía ser severo. Los autores de crímenes violentos como el asesinato, el incendio provocado y la violación eran generalmente sentenciados a muerte por sacrificio, lapidación o incluso desmembramiento. Aunque en caso de asesinato, la familia de la víctima puede pedir una retribución material en su lugar. Esta era una norma para los delitos contra la propiedad como el robo, en los que el delincuente o bien pagaba lo que tomaba o bien se esclavizaba hasta que saldaba su deuda. El adulterio también era un delito grave, pero sobre todo para los hombres, que a menudo sufrían penas de muerte, mientras que se consideraba que la humillación pública era suficiente para las mujeres. Y esta desigualdad ante la ley era común también en el estatus social. A un ladrón de ascendencia noble se le tatuaba toda la cara como símbolo de su desgracia, mientras que el asesinato de un esclavo no se consideraba una ofensa grave. También es probable que algunas leyes prohibieran a los plebeyos adornarse con artículos relacionados con la nobleza, como plumas exóticas, pieles y joyas. Funcionarios de alto rango de la ciudad, a menudo de ascendencia noble, actuaban como jueces, y aunque sería probable que en algunos casos fueran parciales, la mayoría de las fuentes nos dicen que actuaban de manera imparcial.

Y como la familia era el núcleo de la sociedad maya, sus hogares jugaban un papel importante en su vida cotidiana. Estos se componían normalmente de varios edificios, utilizados tanto para el alojamiento como para el almacenamiento, centrados alrededor de un patio o un patio. Y era común que varias generaciones vivieran en la misma casa. Este patrón se seguía sin importar la clase o la riqueza de la familia, pasando de las simples casas de barro y paja de los plebeyos a los palacios de piedra de la familia real. Los edificios también servían como áreas de trabajo para hacer cerámica casera, herramientas, cestas, ropa y cocina. La comida de los comuneros era variada, pero la mayoría de los días comían platos sencillos hechos de calabaza, frijoles y, por supuesto, maíz. Estos se complementaban con hierbas, otras verduras, frutas y carne. También preparaban varias bebidas, entre las que destacan el atole de maíz caliente y la chicha fermentada. Los nobles también bebían una bebida de chocolate para la que parece ser un nombre centroamericano, el xocoatl. También es interesante que las famosas tortillas mexicanas no eran tan comunes entre los mayas. Según los restos encontrados, incluso los plebeyos mayas estaban bien alimentados y eran saludables.

Además de una buena nutrición, una parte importante del mantenimiento de la salud era la limpieza. Los mayas limpiaban sus casas, se lavaban las manos y la boca después de comer y ocasionalmente tomaban baños de vapor. Estos baños pueden haber sido parte de ciertos rituales religiosos. Los chamanes mayas también realizaban rituales de curación, probablemente relacionados con la idea de las almas desaparecidas anteriormente explicada. Pero esos también fueron emparejados con varias curas de hierbas y ungüentos. Y aunque algunos eran bastante eficientes y potentes, incluso aliviando algunas enfermedades del corazón, otros eran completamente contraproducentes. Por ejemplo, los mayas creían que fumar tabaco curaría el asma. Además de la salud y la higiene, también se preocupaban mucho por su apariencia. Y mientras que para nosotros hoy en día sus ideas de belleza parecen inimaginables, ellos pusieron mucho esfuerzo en ello. Lo más notable fue el ideal de las frentes alargadas y con la espalda inclinada. Esto se lograba aplanando las frentes todavía blandas de los bebés con dos piezas de madera firmemente atadas en la parte trasera y delantera de la cabeza. En investigaciones anteriores, se asumió que esto sólo lo hacían los nobles, como signo de su estatura. Pero estudios recientes muestran que en realidad fue hecho por la mayoría de los mayas, probablemente en el intento de asemejarse a la mazorca de maíz.

Otro, según los estándares de hoy, extraño ideal de belleza en la sociedad maya eran los ojos ligeramente bizcos. Esto también se lograba a una edad muy temprana, atando pequeñas bolas de hebras delante de los ojos del bebé, haciendo que se centren en él. La práctica de los tatuajes y los piercings era más afín a la moda moderna. Los tatuajes se hacían de una manera muy dolorosa, al dejar cicatrices en la piel pintada, infundiendo el pigmento en las cicatrices. Debido a eso, así como al hecho de que podría causar fácilmente infecciones, los tatuajes no eran tan comunes y se hacían principalmente para probar y mostrar la valentía personal. Por otro lado, los piercings eran más comunes, con tapones para las orejas, los labios y la nariz, que a menudo eran adornados por nobles adinerados con piedras preciosas y conchas de colores. Ambas prácticas eran realizadas por hombres y mujeres, aunque en forma y medida ligeramente diferentes. Curiosamente, los hombres no sólo tenían más tatuajes, sino también más perforaciones, lo que también se utilizaba para indicar la posición de alguien en la sociedad. Una tradición que no dejaba marcas permanentes era la pintura corporal. Los guerreros usaban pintura roja y negra para parecer más fieros y peligrosos. Los sacerdotes a veces se pintaban de azul, para sus rituales religiosos, mientras que las mujeres usaban varios colores para resaltar su belleza, casi como maquillaje. La pintura negra también era utilizada por las personas involucradas en la limpieza y otros rituales, así como para el ayuno ceremonial.

El peinado también fue un factor importante en el estilo y la belleza maya. Parece que tanto los hombres como las mujeres llevaban el pelo largo. Los peinados masculinos eran más sencillos; los lados se cortaban, mientras que la espalda se mantenía larga. Normalmente lo llevaban en coleta, pero a veces los mechones largos se trenzaban con plumas o cintas. Las mujeres tenían el cabello largo arreglado en elegantes y adornadas trenzas y tocados, más comúnmente adornados con plumas, cintas y otros tipos de accesorios. También es posible que la parte delantera de sus cabezas fuera rasurada, para enfatizar sus frentes alargadas, pero esto sólo puede ser una representación artística que realzara el aspecto deseado. En realidad, es bastante difícil precisar el aspecto exacto de los peinados mayas, ya que a menudo se les representa con elaborados tocados y sombreros utilizados en diversos rituales y ceremonias. Los hombres generalmente evitaban las barbas, y aunque algunos de los gobernantes eran representados con ellas, esto era posiblemente falso, y algo que se usaba sólo con fines ceremoniales. Y, como los mayas vivían en climas cálidos y tropicales, usaban perfume y ungüentos para disminuir sus olores corporales. Se hacían con varias hierbas y frutas, aunque parece que el perfume de vainilla era el más común.

Una figura de una mujer maya. Fuente: https://commons.wikimedia.org

Y aunque la mayoría de los ideales de belleza y moda eran bastante similares para ambos sexos, la ropa era algo diferente. Las mujeres llevaban faldas, blusas y usaban chaquetas con bufandas y pareos alrededor de sus torsos. No todas las mujeres se cubrían los pechos. Debajo de sus faldas las mujeres usaban pantalones. Los hombres llevaban capas largas y sólo pantalones, aunque a veces se les representaba con algo parecido a una falda masculina o una falda escocesa. Las túnicas y chaquetas complicadas eran usadas principalmente por los nobles que realizaban rituales. La ropa más formal a menudo se adornaba con plumas bordadas, pieles y símbolos de los dioses. La ropa regular, especialmente los artículos usados por los plebeyos, era menos ornamentada, pero posiblemente de colores brillantes. Para enfatizar su apariencia, los mayas también tenían joyas que no perforaban, como collares, cuellos, colgantes, cinturones y brazaletes. Una vez más, los hombres las llevaban más que las mujeres, ya que eran un importante indicador del estatus social. El material utilizado para hacerlos variaba tanto a través del tiempo como entre las clases. Mientras que los nobles usaban varias piedras preciosas, sobre todo jade, así como conchas preciosas, y más tarde oro, los plebeyos usaban más a menudo madera y hueso, a veces coloreados para hacerlo más especial.

Pero la buena apariencia y las baratijas no eran la única parte vital de la vida cotidiana de los mayas, ni tampoco proporcionaban diversión y emoción. Para ello, tenían varios entretenimientos. Lo más importante eran, por supuesto, las grandes ceremonias religiosas, que duraban días, con música, baile y fiestas. Pero estas no eran para la diversión diaria. Para eso jugaban una variedad de juegos de mesa, jugaban, y jugaban tipos menos brutales de juegos de pelota, jugados en simples campos de tierra, sin ningún significado religioso detrás de ellos. También cantaban y bailaban, de nuevo sin muchas connotaciones rituales, y algunos investigadores creen que ciertos tipos de códices fueron escritos para lecturas y actuaciones públicas, pareciéndose a un espectáculo teatral. Los nobles también tenían banquetes y fiestas privadas, con mucha comida, bebida y diversos entretenimientos como músicos y bufones. Además, una parte importante de la sociedad maya eran las celebraciones familiares más privadas para eventos como bodas y aniversarios de los antepasados, que también proporcionaban algo de tiempo libre. Pero todos estos entretenimientos eran probablemente menos comunes de lo que consideraríamos normal hoy en día, ya que la mayoría de los mayas, especialmente los plebeyos, tenían que trabajar duro durante todo el día, y no tenían demasiado tiempo de ocio. Pero a pesar de eso parece que, en la mayoría de los casos, la vida cotidiana de los mayas no era tan mala, dejando a la mayoría de ellos sanos, felices y bien alimentados.

Capítulo 12 - Desde la época colonial hasta hoy, los mayas persisten

Muchos libros sobre la historia y la civilización maya terminan con la llegada de los conquistadores españoles. Después de una breve descripción de cómo fueron dominados por europeos tecnológicamente superiores, ayudados por enfermedades, la historia maya termina. Casi parece una decisión consciente de los historiadores de alejar a los mayas actuales de la grandeza de sus antepasados y de su cultura. Y también envía un mensaje al mundo de que la civilización maya murió bajo el dominio colonial. Si bien es cierto que fue severamente alterada e influenciada por los españoles, sobre todo en materia religiosa, sería erróneo pensar que todas sus tradiciones fueron abandonadas, a pesar de que el gobierno colonial español hizo todo lo posible para que los mayas se olvidaran de su pasado. Con cerca del 90% de la población maya devastada por las enfermedades, el gobierno colonial recibió instrucciones de recoger lo que quedaba de los mayas y concentrarlo en pueblos y ciudades construidos para asemejarse a los asentamientos españoles en Europa. Allí les sería más fácil controlar y convertir a la población indígena. Y aunque algunos de los mayas se resistieron hasta finales del siglo XVII, finalmente casi todos fueron relegados a los asentamientos.

En los centros de todos los nuevos asentamientos había dos edificios principales, una iglesia y una sede del gobierno civil. Con furioso celo los nuevos maestros trabajaron en la conversión de los mayas, presionándolos a olvidar sus dioses, mitología, ceremonias y rituales, a quemar sus libros y a borrar su sistema de escritura tradicional. En su lugar, les ofrecieron su único dios, el salvador Jesús, la Biblia y el alfabeto latino. Los sacrificios humanos rituales alimentaron aún más el fervor religioso de los sacerdotes cristianos en la conversión de la población recién conquistada. Lo consideraban satánico, malvado y completamente inmoral. Sin embargo, descubrieron que la quema de infieles en las hogueras, la tortura de varias maneras crueles y todas las demás prácticas asociadas con la Inquisición española eran completamente buenas, morales y acordes con las naciones "civilizadas". Al mismo tiempo, los amos coloniales también impusieron nuevos sistemas civiles y de gobierno. Por un lado, los mayas perdieron su independencia y su voz, mientras que al mismo tiempo fueron utilizados casi como mano de obra esclava y obligados a pagar impuestos y tributos. Los españoles también cambiaron la economía de la región, introduciendo herramientas de acero, animales domésticos, y finalmente cerrando el comercio local ya que todos los recursos valiosos de la patria maya fueron enviados a Europa.

Pero a pesar de toda la degradación de todo lo maya bajo el dominio español, la cultura y la civilización maya lograron sobrevivir. Aunque su religión se perdió en última instancia, ciertos aspectos lograron fusionarse con el cristianismo y sobrevivir. Uno de ellos fue el respeto a sus antepasados, mientras que en algunos casos los rituales cristianos se actualizaron con las prácticas locales. En algunos casos, incluso los sacrificios continuaron, aunque se realizaron en animales, principalmente en pollos. Y algunos de los mayas más educados usaron el recién adoptado alfabeto latino para transcribir al menos algunos de sus libros tradicionales, como el Popol Vuh, salvando en ellos ciertos elementos de su cultura. Entre otros aspectos de la cultura que preservaron se encontraban los símbolos y patrones que usaban en sus ropas, aunque estos también se mezclaban con el simbolismo cristiano y se hacían en ropas de estilo europeo. Pero lo más importante es que los mayas preservaron su propia lengua maya. Pero gracias a la separación de los diferentes grupos de los mayas, su lengua, así como otras tradiciones, se separaron durante el gobierno colonial. Con eso la población maya colonial y poscolonial y su civilización, se fracturó y separó, de nuevo careciendo de la unidad para luchar por sus propias necesidades.

Pero hay que señalar que la conquista del corazón de los mayas no fue completamente exitosa. A pesar de intentar "civilizar" a los mayas, los señores españoles y los ladinos, españoles no de élite e hispanizados, vivían separados de ellos. Y como eran superados en número, vivían en comunidades confinadas. Alrededor y entre ellos estaba la población maya local, que era más que consciente de las diferencias entre ellos. Esencialmente, los intentos del gobierno colonial de asimilar e incorporar a la población local en su propia civilización se vieron frustrados por su propio desdén hacia los mayas. Fueron tratados como ciudadanos de clase baja, básicamente sin ningún derecho. Y durante mucho tiempo, los mayas tuvieron que soportar eso porque no tenían poder para luchar. Pero en el siglo XIX, el Imperio colonial español se desmoronó y surgieron nuevos estados Mesoamericanos. A pesar de ciertas expectativas de que con la desaparición del sistema colonial los locales, incluyendo a los mayas, vivirían mejor, básicamente nada cambió. Los descendientes de los ladinos continuaron gobernando los países, oprimiendo a los mayas igual que antes. Y finalmente, eso llevó a los mayas a rebelarse.

Los mayas yucatecos tomaron las armas y en 1847 comenzaron la guerra contra el gobierno central mexicano. Para la élite blanca que los explotaba, esto se conoció como la "Guerra de las Castas", lo que es otra confirmación de que veían a los mayas como la clase más baja del pueblo. Durante esta rebelión, parece que los antiguos espíritus guerreros despertaron entre los combatientes mayas, ya que lograron hacerse con el control de casi todo Yucatán. Las tropas del gobierno mexicano fueron confinadas en unas pocas ciudades de la costa. Durante un corto período de tiempo, parecía que la conquista se había revertido y que habían recuperado su libertad. Pero al llegar la temporada de siembra, el ejército maya, al igual que en los tiempos precolombinos, regresó a sus hogares para trabajar en sus campos. Sin embargo, este no fue el final de este levantamiento. Las escaramuzas y los combates localizados continuaron, pero en 1850 se produjo un nuevo resurgimiento del espíritu de lucha dentro de los mayas. Se inspiraron en la manifestación de la llamada "Cruz Parlante", a través de la cual pensaron que Dios se comunicaba con ellos, diciéndoles que continuaran su lucha. Una vez más, la religión se infundió con la guerra, y con un nuevo poder, los mayas del sureste de Yucatán se las arreglaron para luchar contra las tropas del gobierno y establecer su estado semi-independiente. A menudo se le llama Chan Santa Cruz, nombrado por su capital como en el apogeo de la civilización maya.

La cuestión de la independencia de este estado maya es bastante complicada. El gobierno central mexicano no tenía ningún control sobre ese territorio, los mayas eran libres de hecho. Pero excepto Gran Bretaña, ningún otro país reconoció su separación de la Ciudad de México. Y la única razón por la que Gran Bretaña lo hizo fue por el comercio entre el Belice británico y Chan Santa Cruz. También hay algunas sugerencias de que algunas de las armas usadas en la rebelión vinieron de Belice. Otros grupos más pequeños de los mayas también declararon su propio camino independiente, pero tuvieron menos éxito. Algunos de esos grupos incluso se opusieron a Chan Santa Cruz, ya que consideraban que la adoración de la Cruz Parlante se desviaba del camino del verdadero cristianismo. Y por supuesto, el gobierno central mexicano no permaneció pasivo, atacó a Chan Santa Cruz, incluso llegando cerca de la capital en algunas ocasiones. Los combates continuaron durante los siguientes 50 años, con el mayor punto de inflexión sucediendo en 1893 cuando Gran Bretaña firmó un tratado con México, en el que entre otras cosas se reconoció que Chan Santa Cruz estaba bajo la soberanía mexicana. Esto fue un gran revés para los mayas porque no pudieron reabastecerse de armas y municiones desde Belice. Y en 1901 fueron finalmente derrotados por las tropas del gobierno. Se estima que durante esta guerra murieron entre 40 y 50 mil personas, en su mayoría mayas.

Pintura al óleo de la Guerra de Castas, c. 1850. Fuente:
https://commons.wikimedia.org

A pesar de perder la guerra y su libertad, hubo algunas consecuencias positivas de este levantamiento maya. Alrededor de 1915, el gobierno central implementó ciertas reformas. Entre ellas se encontraban las reformas agrarias que abolieron el sistema laboral colonial, y que resolvieron algunos de los problemas que causaron la revuelta. Pero, por supuesto, los mayas seguían siendo tratados como ciudadanos de segunda clase, y su posición, en general, no mejoró mucho. Y como a los mismos mayas no le importaba mucho la integración a la sociedad mexicana, se mantuvieron relativamente separados tanto política como económicamente, viviendo principalmente como agricultores pobres. Pero la política de la Ciudad de México cambió en los años 50 y 60. A través de muchas iniciativas trataron de modernizar e incorporar a los mayas en la comunidad mexicana, creando una migración de los mayas ofreciéndoles tierras no utilizadas, así como partes de la selva que podían despejar, para que pudieran crear nuevas granjas. Estas iniciativas tuvieron un éxito muy limitado, y la mayor consecuencia fue el aumento de la ira de los mexicanos no indígenas que sentían que sus tierras se habían entregado a los mayas. Por eso, en los años 70 estas iniciativas se detuvieron. Pero aproximadamente al mismo tiempo, los mayas de Guatemala pasaron por el período más oscuro desde la llegada de los conquistadores españoles.

Durante ese período los países centroamericanos fueron arrastrados por el torbellino de la Guerra Fría, donde los rebeldes de izquierda, apoyados por algunos países socialistas y parte de la población indígena que esperaba una sociedad más equitativa, se enfrentaron a la dictadura militar de derecha apoyada por los Estados Unidos. Como parte de este problema político más amplio, la Guerra Civil en Guatemala comenzó en 1960, y desde el principio uno de los principales objetivos del gobierno de derecha fueron los mayas. Aunque su limitado apoyo a los rebeldes jugó un papel en esta decisión, más a menudo fue causado por el racismo y la intolerancia del gobierno ladino hacia los mayas, a quienes a menudo veían como impuros e indignos. En última instancia, para ellos, los mayas eran la raza inferior odiada. El terror hacia la población indígena se intensificó de 1975 a 1985, período durante el cual el ejército guatemalteco llevó a cabo más de 600 masacres y destruyó más de 400 pueblos mayas. Entre 150 y 200 mil personas fueron asesinadas, más de 40 mil "desaparecieron" y alrededor de 100 mil mujeres fueron violadas. Además de ellos, había alrededor de medio millón de refugiados que buscaban seguridad en los países circundantes y en los Estados Unidos. La gran mayoría de estas víctimas fueron los mayas, con estimaciones que varían entre el 80 y el 90%. Algunos otros grupos indígenas más pequeños también fueron blanco de ataques. La Guerra Civil duró hasta mediados de los años 90, pero sus consecuencias todavía se sienten hoy en día.

Después de que la guerra civil terminó, este terror fue reconocido internacionalmente como un genocidio, usualmente llamado el genocidio guatemalteco o el genocidio maya. Otro nombre, aunque menos usado, fue Holocausto Silencioso, en parte porque parecía que a nadie le importaban las víctimas mayas mientras ocurría el genocidio. Fueron silenciados e ignorados por la mayoría del mundo, que estaba mucho más interesado en el aspecto de la Guerra Fría de la Guerra Civil. Una comisión de las Naciones Unidas llegó a la conclusión de que parte de la responsabilidad de las masacres debería recaer en el entrenamiento de los oficiales guatemaltecos en las técnicas de contrainsurgencia, aunque esto no trajo consecuencias para los Estados Unidos. Y, como los mayas guatemaltecos finalmente encontraron algo de paz en los años 90, las cosas volvieron a empeorar para los mayas mexicanos. El tema principal fue que, para unirse al Tratado de Libre Comercio de América del Norte (TLCAN) con Estados Unidos y Canadá, México tuvo que modificar ciertos artículos de su constitución, entre otros uno que protegía la tierra indígena comunal. Esa tierra era la principal fuente de alimentos e ingresos para muchos mayas, así como para algunos otros grupos nativos. Con la redacción de ese artículo, el gobierno central podía privatizar y vender esas tierras. Además, la población local que dependía de esas granjas comunales se convirtió en ocupantes ilegales de tierras, y sus comunidades se convirtieron en asentamientos informales.

Una vez más, el gobierno central hizo oídos sordos a las quejas de los mayas y modificó la constitución mexicana. Esto causó una revuelta armada de los mayas en enero de 1994, que esta vez ocurrió en el estado mexicano de Chiapas en lugar de Yucatán. El Ejército Zapatista de Liberación Nacional lideró la insurgencia, con demandas de derechos culturales, políticos, sociales y de tierra para todos los mayas de México, así como para el resto de la población indígena del país. El ejército mexicano respondió rápidamente y después de sólo 12 días se anunció el cese al fuego. Sin embargo, este acontecimiento conmocionó al gobierno mexicano. Los políticos de la Ciudad de México no estaban acostumbrados a la idea de que los indígenas se rebelaran tan abiertamente. Pero lo que más les preocupaba era el apoyo que el movimiento obtuvo por todo México y por todo el mundo. Los mayas lo lograron a través de un excelente uso de los medios de comunicación, especialmente el Internet, que era todavía una nueva tecnología en ese momento. Bajo presión, el gobierno aceptó negociar con los mayas y prometió que la población nativa de México sería protegida. Sin embargo, tan pronto como el polvo se asentó, continuaron con sus propios planes, de la misma manera que antes. Y hasta el día de hoy los mayas protestan, tratando de que sus voces sean escuchadas, mientras que los políticos mexicanos tratan cada vez más de evitarlos, ignorándolos. En esas situaciones de tensión, se producen algunas peleas y escaramuzas locales, pero sobre todo entre la población civil, y no hay signos de mejora.

Hoy en día los mayas de todos los países viven en relativa paz, aunque sus vidas están lejos de ser ideales. Las selvas tropicales están siendo destruidas, sus granjas tradicionales están siendo sustituidas por ranchos de ganado; el ejército es una amenaza inminente. Sin embargo, siguen luchando por sus derechos políticos, y en los últimos años los líderes mayas se están dando cuenta poco a poco de que la única solución posible para su salvación es conectar a todos los diversos grupos mayas que viven en todos los estados mesoamericanos. A pesar de sus diferencias lingüísticas, trabajar juntos es la única manera de preservar su cultura, tradición e historia. Sin embargo, en las últimas dos décadas se ha producido otro cambio. Con atención extra, tanto de los círculos científicos como de los medios de comunicación hicieron que su civilización fuera mejor conocida por el mundo. Con una cultura interesante, restos impresionantes y una naturaleza colorida a su alrededor, los mayas se hicieron bastante populares en los círculos turísticos. Cada vez más visitantes llegan a sus comunidades, debido a la grandeza del pasado maya. Y esto es un arma de doble filo. Por un lado, ningún país se atrevería a cometer atrocidades como antes, tanto por la imagen negativa de los medios de comunicación como por el impacto económico del turismo. Por supuesto, las ganancias económicas también son beneficiosas para los mayas, que ahora pueden ganar más dinero y son menos dependientes de la agricultura. Además, su cultura es ahora mucho más difícil de destruir, ya que se ha vuelto más reconocible y popular.

Una mujer maya haciendo recuerdos. Fuente: https://commons.wikimedia.org

Y ahí es donde la cuchilla golpea a los mayas. La mayoría de los turistas vienen a los mayas con ciertas expectativas de lo que deben y quieren ver. Y en esas expectativas hay muchos conceptos erróneos y verdades a medias, a las que algunos de los mayas les complacen. No quieren perder a los clientes que traen los ingresos tan necesarios. Y bajo esa presión, los turistas al mismo tiempo ahorran y cambian la cultura maya. Además, de alguna manera, el turismo degrada su rica cultura y tradiciones en algo trivial. Su artesanía y arte se reducen a una nimiedad comprada en el mercado de pulgas como recuerdo del viaje. Para ellos, no hay un significado más profundo. Pero, por ahora, no hay alternativa para la mayoría de los mayas. Y considerando tanto las situaciones políticas como el turismo, se plantea la cuestión del futuro de los mayas. Aunque hay un gran peligro acechando para ellos, no hay duda de que prevalecerán.

Como tantas veces en el pasado, se adaptarán y superarán los obstáculos, tratando de mantener sus tradiciones y su civilización.

Conclusión

Esperamos que, a través de esta guía, usted haya obtenido la comprensión básica de quiénes son los mayas, lo que su cultura y civilización representan. Ahora verá lo compleja e intrincada que fue su historia, con sus luchas políticas, alianzas y guerras entre sus antiguos estados y las sociedades desarrolladas. Y ha aprendido cuán crucial fue su papel en la región mesoamericana, conectándola a través del comercio, compartiendo ideas, cultura y mitología con las civilizaciones que los rodean. Más importante aún, debería ser obvio que los mayas no eran unos salvajes atrasados que vivían en las selvas antes de que los europeos vinieran a mostrarles lo que significa la verdadera civilización. Crearon un arte impresionante, grandes maravillas arquitectónicas comparables con las antiguas maravillas del mundo y rastrearon las estrellas y los planetas con una precisión increíble. Y aunque su visión del mundo era bastante diferente de la que tenemos hoy en día, no era menos elaborada y bien pensada. Su religión, a pesar de los controvertidos sacrificios, era un complicado sistema de creencias, mitos, pautas morales y rituales. Y de ninguna manera debe ser considerada primitiva o menos digna que cualquier otra religión antigua. Además, ver algunos aspectos de su vida cotidiana debería acercarlos a nosotros, entendiendo que ellos también vivieron sus vidas llenas de esperanzas y temores, preocupaciones y celebraciones. Esto los hace sentir menos como reliquias del pasado y más como seres humanos que todavía están por aquí.

En última instancia, esta guía debería haber explicado por qué la civilización maya debe ser respetada y alabada por igual, junto con muchas otras civilizaciones antiguas. Al mismo tiempo, es un recordatorio de que los mayas, a diferencia de la mayoría de las otras civilizaciones alabadas del pasado, nunca desaparecieron. No solo siguen existiendo, sino que tratan de preservar su patrimonio y sus tradiciones, luchando por la supervivencia. Y ese hecho debería ser un recordatorio constante de que la historia no siempre es algo que ocurrió hace mucho tiempo en una tierra lejana, sino algo que sigue presente, haciendo eco en el mundo de hoy. La historia de la lucha maya en los últimos tiempos también debería servir de inspiración para que, no importa cuán oscuras parezcan las cosas, mientras haya gente dispuesta a luchar, siga habiendo esperanza. Por eso, el respeto a la civilización maya debe extenderse a la gente que la mantiene viva hoy en día, el pueblo maya de nuestros tiempos. La comprensión de todo esto debería, al final, mostrar por qué es importante para el patrimonio cultural mundial que la historia de los mayas no sea olvidada, y por qué debería ser conservada también para las generaciones futuras.

Por supuesto, esta es una tarea que va más allá de lo que este libro puede hacer. Así que, al final, esta guía, educativa e informativa, así como divertida e interesante, se suponía que serviría sólo como una introducción al mundo maya, tanto al pasado como al presente. Construye una base sólida sobre la cual se debe construir un mayor conocimiento. Y esperamos que encienda una chispa de interés, asombro e intriga sobre la civilización maya, ya que hay mucho más que contar sobre ella. Es exactamente a través de esa chispa, de esa sed de más conocimiento y de una comprensión más profunda de los mayas, que este libro sirve a la meta más elevada. A través de ello, hacemos nuestra propia contribución, no importa cuán pequeña sea, a la preservación de la hermosa, intrigante y única civilización maya.

Bibliografía:

Adams Richard E. W. y MacLeod Murdo J., *La historia de Cambridge de los pueblos nativos de las Américas Volumen II: Mesoamérica, parte 1*, Cambridge, Prensa de la Universidad Cambridge, 2008.

Adams Richard E. W. y MacLeod Murdo J., *La historia de Cambridge de los pueblos nativos de las Américas Volumen II: Mesoamérica, parte 2,* Cambridge, Prensa de la Universidad Cambridge, 2008.

Ardren Traci, *Antiguas mujeres mayas,* Lanham, Rowman & Littlefield Publishers, Inc., 2002.

Carmack R. M., J. Gasco y G. H. Gossen, *El legado de Mesoamérica: Historia y cultura de una civilización americana nativa,* Nueva York, Routledge, 2007.

Coe Michael D., *Rompiendo el código Maya*, Londres, Támesis y Hudson, 2012.

Coe Michael D. y Houston Stephen, *Los Maya: Novena edición*, Londres, Támesis y Hudson, 2015.

Foias Antonia E., *Antiguos mayas dinámica política*, Tampa, Prensa de la Universidad de Florida, 2013.

Foster Lynn V., *Manual para la vida en el mundo antiguo del maya*, Nueva York, Hechos en el archivo, Inc., 2002.

George Charles y Linda, *Civilización maya*, Farmington Hills, Lucent Books, 2010.

Goetz Delia, *Popol Vuh: El libro sagrado del antiguo Quiché Maya*, Norman, Prensa de la Universidad de Oklahoma, 1950.

Hassig Ross, *Guerra y sociedad en la antigua Mesoamérica*, Berkley, Prensa de la Universidad de California, 1992.

Koontz R., Reese-Taylor K. y Headrick A., *Paisaje y poder en la antigua Mesoamérica*, Boulder, Prensa de Westview, 2001.

Kurnick Sarah y Baron Joanne, *Estrategias políticas en la Mesoamérica precolombina*, Boulder, Prensa de la Universidad de Colorado, 2016.

Lohse Jon C. y Valdez Jr. Fred, *Plebeyos mayas antiguos*, Austin, Prensa de la Universidad de Texas, 2004.

Mazariegos Oswaldo C., *Arte y mito de los antiguos mayas*, Londres, Prensa de la Universidad de Yale, 2017.

McKillop Heather I., *Los antiguos mayas: nuevas perspectivas*, Santa Bárbara, ABC-CLIO, Inc., 2004.

Sharer Robert J., *Vida cotidiana en la civilización maya*, Londres, Prensa de Greenwood, 2009.

Thompson John S.E., *Historia y religión mayas*, Norman, Prensa de la Universidad Oklahoma, 1990.

Werness-Rude Maline D. y Spencer Kaylee R., *Imágenes, arquitectura y actividad maya: el espacio y el análisis espacial en la historia del arte*, Albuquerque, Prensa de la Universidad de New Mexico, 2015.

www.ingramcontent.com/pod-product-compliance
Lightning Source LLC
Chambersburg PA
CBHW061929240225
22473CB00004B/41